t sœurs célèbres
é à nos jours

LOUIS XIV ET LE MASQUE DE FER

LES FRÈRES DE LA CÔTE

LES FRÈRES GRIMM

le Guide des FRÈRES ET SŒURS

SCÉNARIO : CHRISTIAN GODARD
DESSIN : CÉDRIC GHORBANI
COULEURS : Atelier CERISE
COUVERTURE : FABIO LAI

VENTS D'OUEST

Pour tout savoir sur *Les Guides en BD*, rendez-vous sur http://www.ventsdouest.com/guides/

Couvent Sainte-Cécile
37, rue Servan - 38000 Grenoble

www.ventsdouest.com

Dépôt légal : novembre 2011
ISBN : 978-2-7493-0662-9
Achevé d'imprimer en Italie en octobre 2011 par LEGO S.p.A.,
sur papier provenant de forêts gérées de manière durable.

À QUI S'ADRESSE CE GUIDE ?
BONNE QUESTION ...
À TOUS CEUX QUI ONT AU MOINS UN, OU DES FRÈRES...
À PART ÇA, TOUT BAIGNE ?
PFFF ! ET TA SOEUR ?
À TOUTES CELLES QUI ONT AU MOINS UNE, OU DES SOEURS...
T'ES SÛRE ? ... ON NE SE RESSEMBLE PAS BEAUCOUP, POURTANT ...
JE NE VOIS PAS DE QUOI TU PARLES ...
À TOUS CEUX QUI ONT UN ASSORTIMENT COMPLET...
ON NE BOUGE PLUS !
SI J'VEUX !
JE HAIS LES DIMANCHES ...
À TOUS CEUX QUI VOUDRAIENT BIEN NE PAS EN AVOIR...
JE PEUX ?
FAIS COMME CHEZ TOI.
À TOUS CEUX QUI LES ÉVITENT...
DIS-LUI QU'ON N'EST PAS LÀ !
DRIIINNNG ! DRIIINDELIIING ! DRIIING !
TAIS-TOI DONC, IL VA T'ENTENDRE !
À TOUS CEUX QUI SE CONNAISSENT À PEINE...
SALUT MON POTE, C'EST JÉRÔME ...
QUI ?
TON FRÈRE !
MON QUOI ?
À TOUS CEUX QUI FONT PARTIE DE LA MÊME FAMILLE, EN GROS...
ÇA FAIT PLAISIR D'AVOIR L'OCCASION DE SE REVOIR DE TEMPS EN TEMPS, NON ?
1

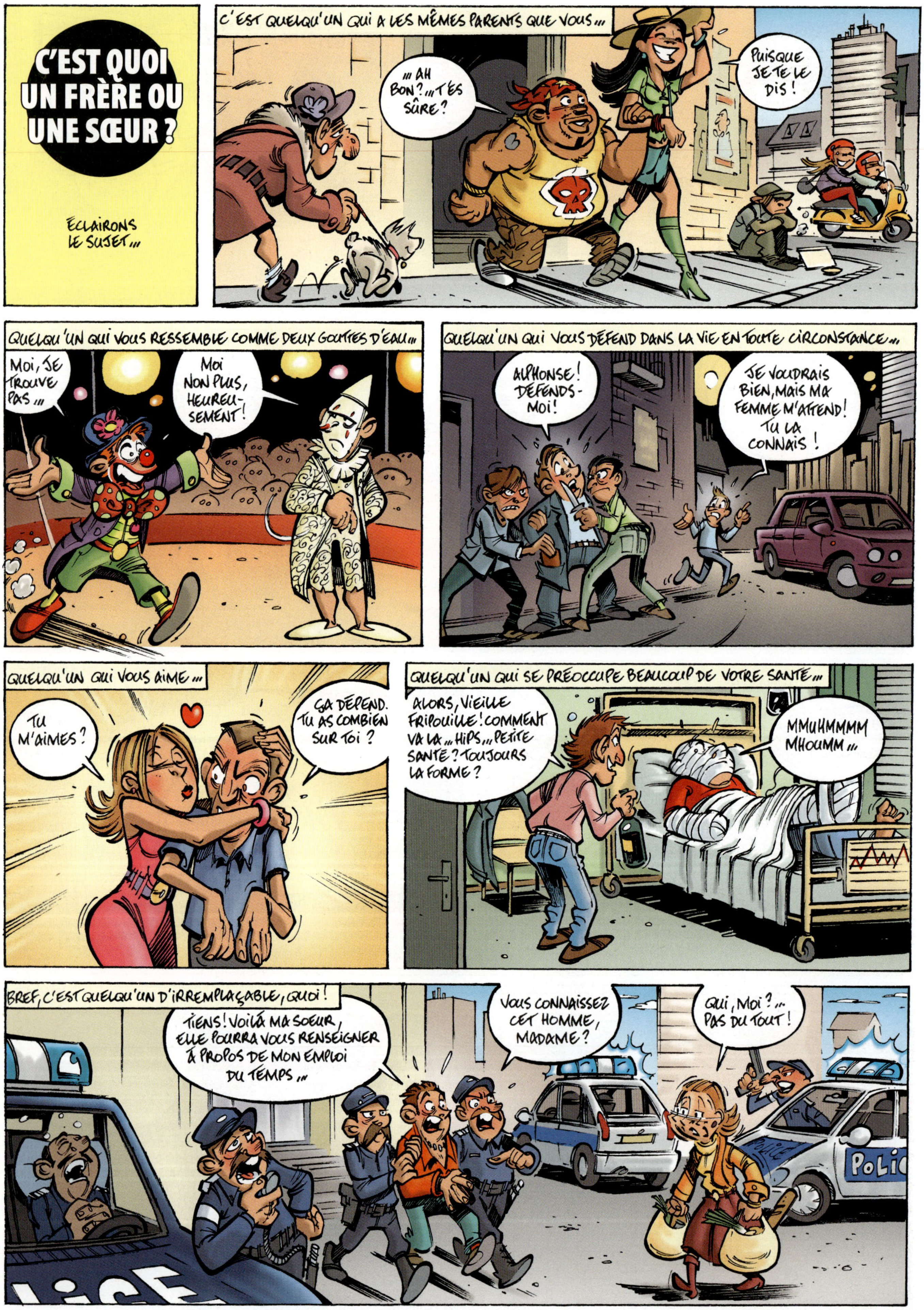
C'EST QUOI UN FRÈRE OU UNE SŒUR ?
ÉCLAIRONS LE SUJET…
C'EST QUELQU'UN QUI A LES MÊMES PARENTS QUE VOUS…
… AH BON ? … T'ES SÛRE ?
PUISQUE JE TE LE DIS !
QUELQU'UN QUI VOUS RESSEMBLE COMME DEUX GOUTTES D'EAU…
MOI, JE TROUVE PAS…
MOI NON PLUS, HEUREUSEMENT !
QUELQU'UN QUI VOUS DÉFEND DANS LA VIE EN TOUTE CIRCONSTANCE…
ALPHONSE ! DÉFENDS-MOI !
JE VOUDRAIS BIEN, MAIS MA FEMME M'ATTEND ! TU LA CONNAIS !
QUELQU'UN QUI VOUS AIME…
TU M'AIMES ?
ÇA DÉPEND. TU AS COMBIEN SUR TOI ?
QUELQU'UN QUI SE PRÉOCCUPE BEAUCOUP DE VOTRE SANTÉ…
ALORS, VIEILLE FRIPOUILLE ! COMMENT VA LA … HIPS … PETITE SANTÉ ? TOUJOURS LA FORME ?
MMUHMMMM MHOUMM…
BREF, C'EST QUELQU'UN D'IRREMPLAÇABLE, QUOI !
TIENS ! VOILÀ MA SOEUR, ELLE POURRA VOUS RENSEIGNER À PROPOS DE MON EMPLOI DU TEMPS…
VOUS CONNAISSEZ CET HOMME, MADAME ?
QUI, MOI ? … PAS DU TOUT !
POLICE

(2)

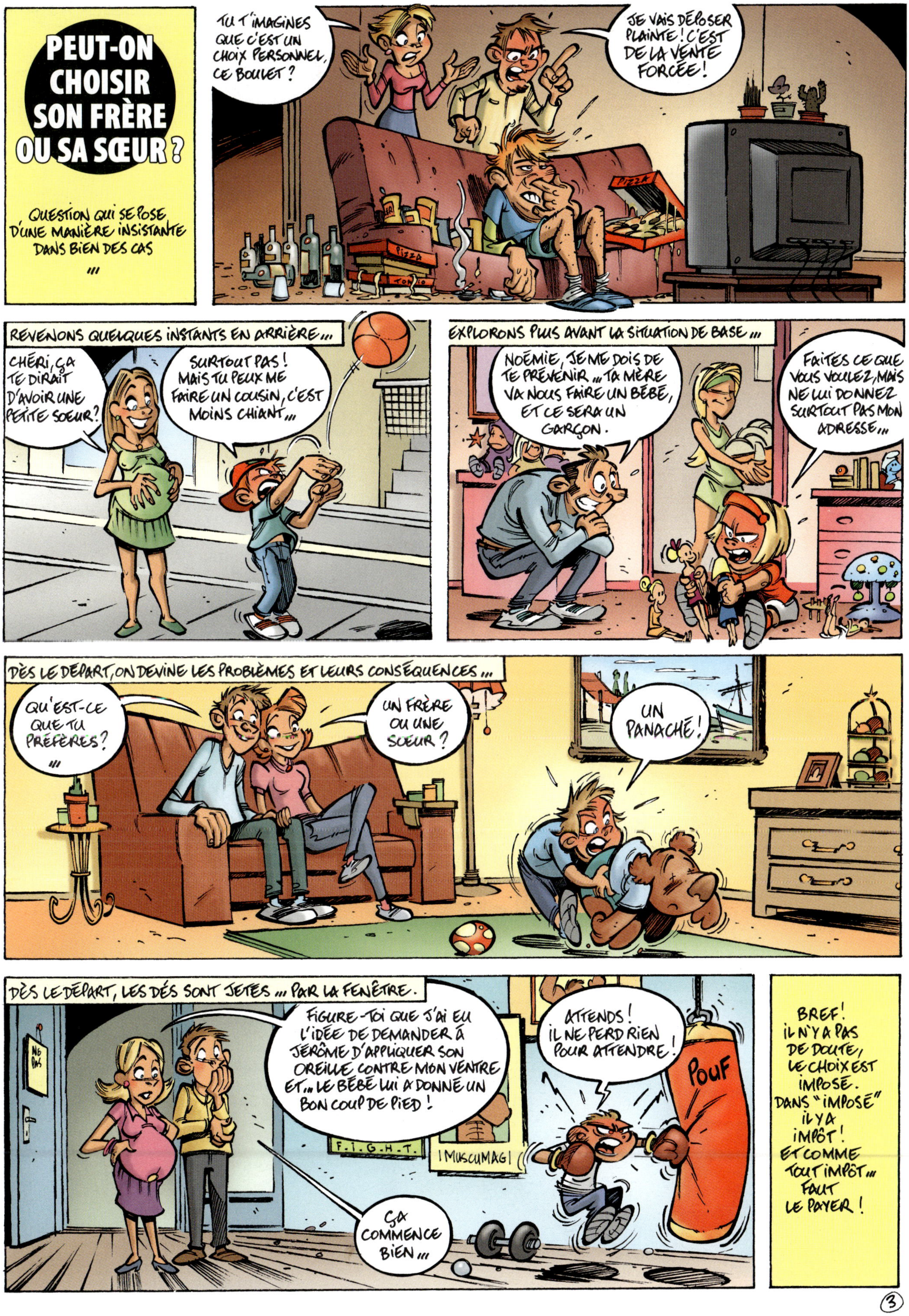
PEUT-ON CHOISIR SON FRÈRE OU SA SŒUR ?
QUESTION QUI SE POSE D'UNE MANIÈRE INSISTANTE DANS BIEN DES CAS ...
TU T'IMAGINES QUE C'EST UN CHOIX PERSONNEL, CE BOULET ?
JE VAIS DÉPOSER PLAINTE ! C'EST DE LA VENTE FORCÉE !
PIZZA
REVENONS QUELQUES INSTANTS EN ARRIÈRE ...
CHÉRI, ÇA TE DIRAIT D'AVOIR UNE PETITE SOEUR ?
SURTOUT PAS ! MAIS TU PEUX ME FAIRE UN COUSIN, C'EST MOINS CHIANT ...
EXPLORONS PLUS AVANT LA SITUATION DE BASE ...
NOÉMIE, JE ME DOIS DE TE PRÉVENIR ... TA MÈRE VA NOUS FAIRE UN BÉBÉ, ET CE SERA UN GARÇON.
FAITES CE QUE VOUS VOULEZ, MAIS NE LUI DONNEZ SURTOUT PAS MON ADRESSE ...
DÈS LE DÉPART, ON DEVINE LES PROBLÈMES ET LEURS CONSÉQUENCES ...
QU'EST-CE QUE TU PRÉFÈRES ? ...
UN FRÈRE OU UNE SOEUR ?
UN PANACHÉ !
DÈS LE DÉPART, LES DÉS SONT JETÉS ... PAR LA FENÊTRE.
FIGURE-TOI QUE J'AI EU L'IDÉE DE DEMANDER À JÉRÔME D'APPLIQUER SON OREILLE CONTRE MON VENTRE ET ... LE BÉBÉ LUI A DONNÉ UN BON COUP DE PIED !
ATTENDS ! IL NE PERD RIEN POUR ATTENDRE !
POUF
F.I.G.H.T.
MUSCUMAG
ÇA COMMENCE BIEN ...
BREF ! IL N'Y A PAS DE DOUTE, LE CHOIX EST IMPOSÉ. DANS "IMPOSÉ" IL Y A IMPÔT ! ET COMME TOUT IMPÔT ... FAUT LE PAYER !
3

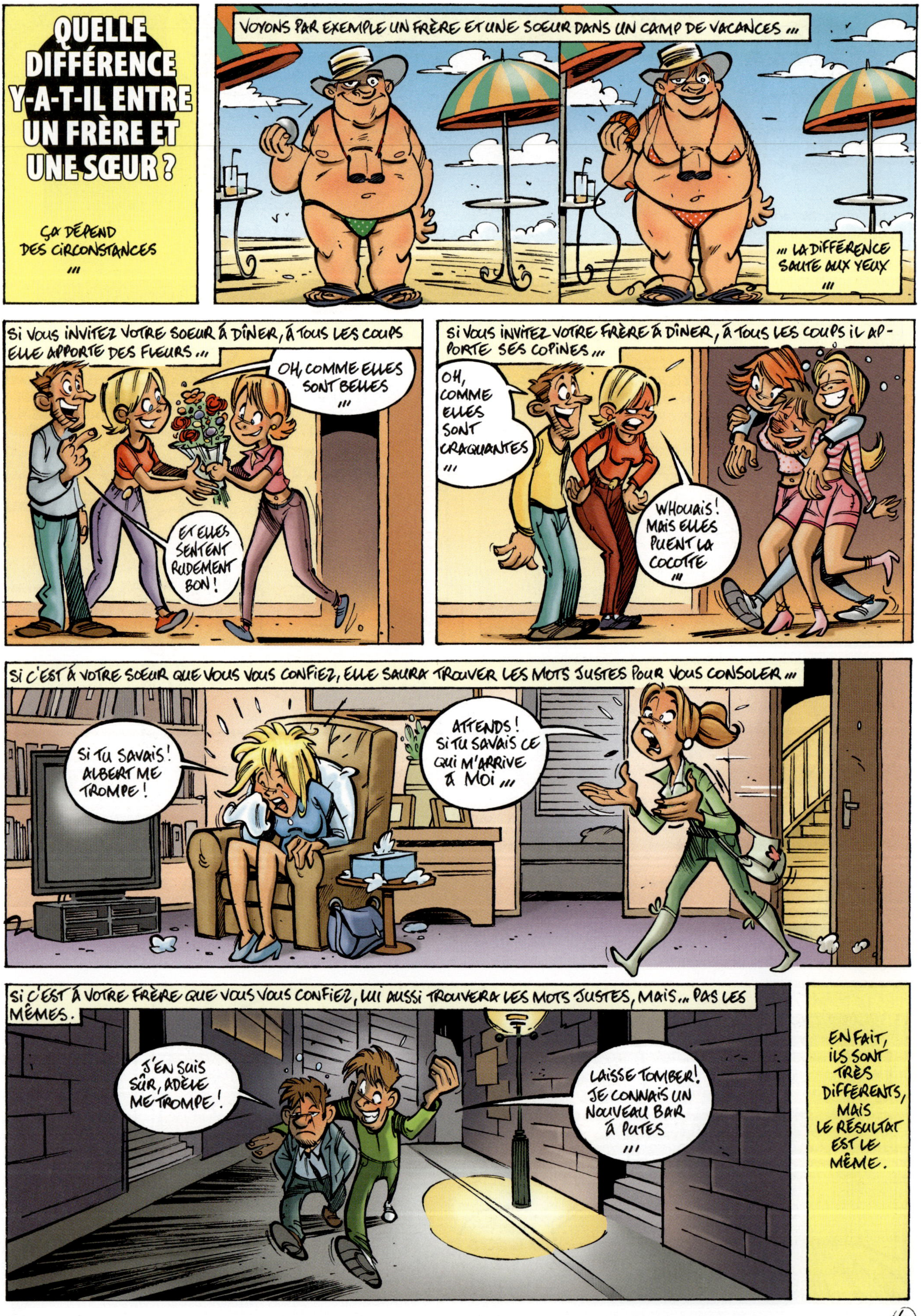
QUELLE DIFFÉRENCE Y-A-T-IL ENTRE UN FRÈRE ET UNE SŒUR ?
ÇA DÉPEND DES CIRCONSTANCES ...
VOYONS PAR EXEMPLE UN FRÈRE ET UNE SOEUR DANS UN CAMP DE VACANCES ...
... LA DIFFÉRENCE SAUTE AUX YEUX ...
SI VOUS INVITEZ VOTRE SOEUR À DÎNER, À TOUS LES COUPS ELLE APPORTE DES FLEURS ...
OH, COMME ELLES SONT BELLES ...
ET ELLES SENTENT RUDEMENT BON !
SI VOUS INVITEZ VOTRE FRÈRE À DÎNER, À TOUS LES COUPS IL APPORTE SES COPINES ...
OH, COMME ELLES SONT CRAQUANTES ...
WHOUAIS ! MAIS ELLES PUENT LA COCOTTE ...
SI C'EST À VOTRE SOEUR QUE VOUS VOUS CONFIEZ, ELLE SAURA TROUVER LES MOTS JUSTES POUR VOUS CONSOLER ...
SI TU SAVAIS ! ALBERT ME TROMPE !
ATTENDS ! SI TU SAVAIS CE QUI M'ARRIVE À MOI ...
SI C'EST À VOTRE FRÈRE QUE VOUS VOUS CONFIEZ, LUI AUSSI TROUVERA LES MOTS JUSTES, MAIS... PAS LES MÊMES.
J'EN SUIS SÛR, ADÈLE ME TROMPE !
LAISSE TOMBER ! JE CONNAIS UN NOUVEAU BAR À PUTES ...
EN FAIT, ILS SONT TRÈS DIFFÉRENTS, MAIS LE RÉSULTAT EST LE MÊME.
4

PEUT-ON EN VOULOIR À SES PARENTS ?
DIFFICILE. VOUS FAIRE UN PETIT FRÈRE OU UNE PETITE SOEUR PART SOUVENT D'UN BON SENTIMENT ...
ESSAYONS DE COMPRENDRE COMMENT LES CHOSES SE PASSENT ...
ON ÉTAIT ENCORE JEUNES ET PAUVRES, À CETTE ÉPOQUE, ET ON DORMAIT DANS UN LIT POUR UNE PERSONNE ...
RHONFFLLLL ZIIIRHONNN ...
ON ÉTAIT COINCÉS DANS UNE VOITURE QU'AVAIT COULÉ UNE BIELLE, ET ON ATTENDAIT LE DÉPANNEUR ...
IL M'A FAIT LE COUP DE LA PANNE ...
ON VOULAIT TE FAIRE UN CADEAU QUI SORTE DE L'ORDINAIRE ...
... ET QUI SOIT PAS CHER !
ON JOUAIT À LA MANILLE COINCHÉE, AVEC TON PÈRE. ON A FAIT UN DE CES PARIS STUPIDES, ET ...
C'EST TA MÈRE QU'A PERDU.
ON AVAIT ACHETÉ TOUS CES VÊTEMENTS DEVENUS BEAUCOUP TROP PETITS POUR TOI, ET, TU ME CONNAIS ...
... ELLE N'AIME NI DONNER, NI JETER, ALORS ...
ON RÊVAIT SI FORT TOUS LES DEUX QUE TU DEVIENNES UN GRAND CHAMPION DE TENNIS, ALORS ON A VOULU QUE ...
... TU AIES TOUJOURS UN PARTENAIRE POUR T'ENTRAÎNER ...
SI VOUS VOULEZ MON AVIS, LE MIEUX, C'EST DE NE SURTOUT PAS CHERCHER À COMPRENDRE ...
5

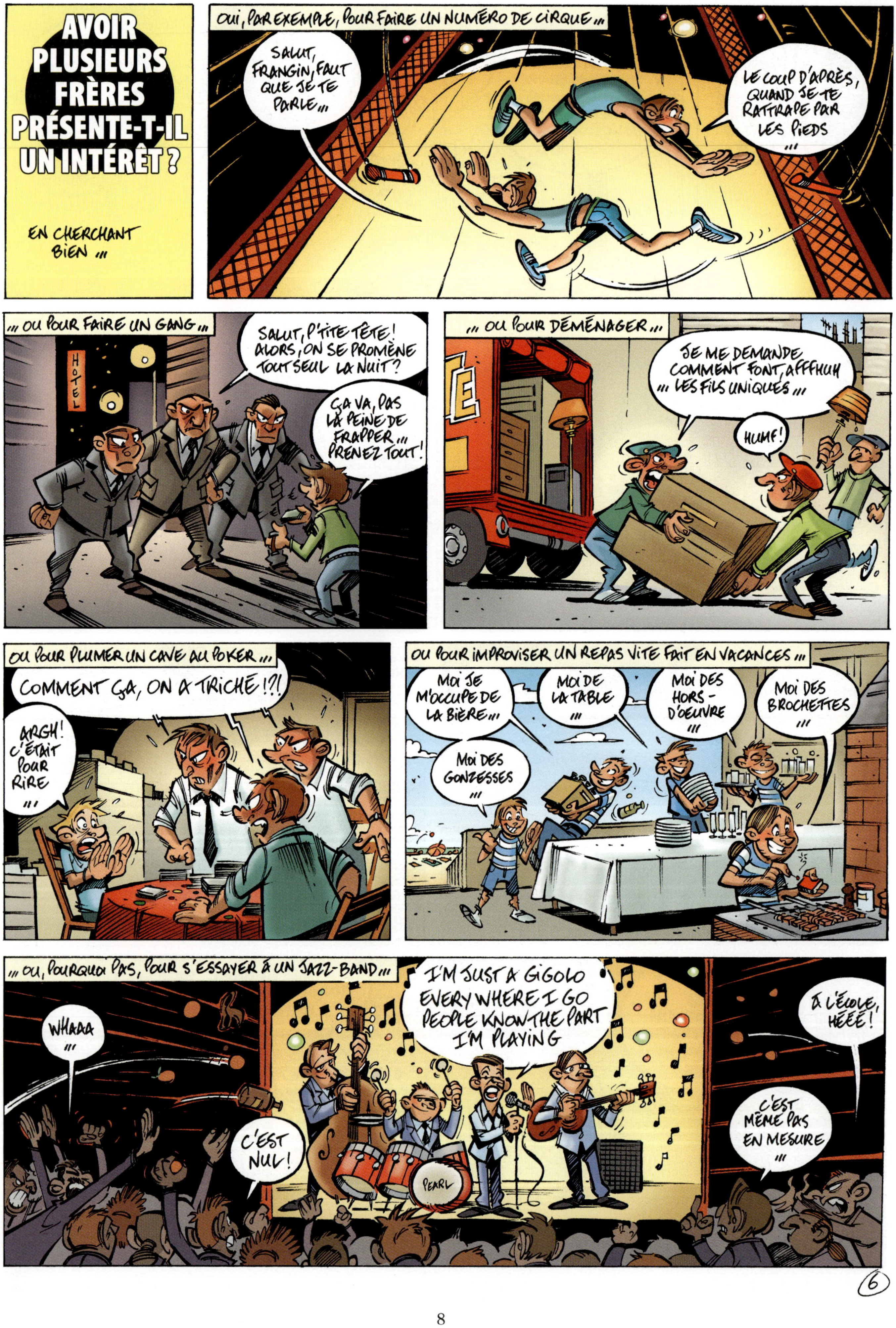
AVOIR PLUSIEURS FRÈRES PRÉSENTE-T-IL UN INTÉRÊT ?
EN CHERCHANT BIEN ...
OUI, PAR EXEMPLE, POUR FAIRE UN NUMÉRO DE CIRQUE ...
SALUT, FRANGIN, FAUT QUE JE TE PARLE ...
LE COUP D'APRÈS, QUAND JE TE RATTRAPE PAR LES PIEDS ...
... OU POUR FAIRE UN GANG ...
SALUT, P'TITE TÊTE ! ALORS, ON SE PROMÈNE TOUT SEUL LA NUIT ?
ÇA VA, PAS LA PEINE DE FRAPPER ... PRENEZ TOUT !
HOTEL
... OU POUR DÉMÉNAGER ...
JE ME DEMANDE COMMENT FONT, AFFFHUH ... LES FILS UNIQUES ...
HUMF !
OU POUR PLUMER UN CAVE AU POKER ...
COMMENT ÇA, ON A TRICHÉ !?!
ARGH ! C'ÉTAIT POUR RIRE ...
OU POUR IMPROVISER UN REPAS VITE FAIT EN VACANCES ...
MOI JE M'OCCUPE DE LA BIÈRE ...
MOI DE LA TABLE ...
MOI DES HORS-D'OEUVRE ...
MOI DES BROCHETTES ...
MOI DES GONZESSES ...
... OU, POURQUOI PAS, POUR S'ESSAYER À UN JAZZ-BAND ...
I'M JUST A GIGOLO EVERYWHERE I GO PEOPLE KNOW THE PART I'M PLAYING
WHAAA ...
À L'ÉCOLE, HÉÉÉ !
C'EST NUL !
C'EST MÊME PAS EN MESURE ...
PEARL
6

AVOIR PLUSIEURS SŒURS PRÉSENTE-T-IL UN INTÉRÊT ?
QUESTION PLUS QU'ÉPINEUSE...
QUAND ELLES SONT AFFECTUEUSES, C'EST BIEN. TROP AFFECTUEUSES, ÇA CRAINT...
TU DEVRAIS FAIRE TA RAIE DE L'AUTRE CÔTÉ...
LES ONGLES EN VERT, AUJOURD'HUI C'EST HYPER-TENDANCE !...
UN PEU DE FOND DE TEINT CACHERA LES POIREAUX...
UN PANTACROC AVEC UN PLI, ÇA FAIT RINGUE...
...VU QU'ELLES ONT TOUTES DES GOÛTS DIFFÉRENTS...
LE MAQUILLAGE, JE DIS PAS, MAIS LE PANTALON, ÇA DATE...
MOI, C'EST LE GILET QUI ME GÊNE...
QU'EST-CE QUE TU LUI REPROCHES ? DEVINE COMBIEN JE L'AI PAYÉ...
QUAND ELLES SONT DISTANTES ET HARGNEUSES, C'EST PIRE...
JE TE L'AI DÉJÀ DIT, N'AMÈNE PAS CETTE PÉTASSE DANS LA MAISON DE PAPA ET MAMAN, C'EST UNE ROULURE !
DE QUI ELLE PARLE, LÀ ?
DANS LE GENRE COPAIN-COPAIN QUI RAPPORTE PLEIN DE JULES À LA MAISON, CE N'EST PAS MIEUX...
CLOCLO, JE PEUX T'EMPRUNTER TA CHAMBRE ?
MAIS JAMAIS DE LA VIE !
BEN QUOI, JUSTE POUR UNE HEURE...
HO, UNE HEURE ? PAS TANT QUE ÇA...
QUANT À LA CUISINE, PAS LA PEINE D'ESPÉRER Y ACCÉDER...
J'AI DIT : DEHORS !
J'VEUX JUSTE UNE BIÈRE !
OUSTE !!
ALORS, MON PAUV'VIEUX, TOI AUSSI, T'ES À LA RUE ? COMMENT C'EST ARRIVÉ ?
MES PARENTS M'ONT FAIT QUATRE SŒURS.
MERCI POUR LA BIÈRE...
Roucoul
Roucoul

LES DIFFÉRENTS TYPES
A/ DE FRÈRES...
EXAMINONS QUELQUES CAS EXTRÊMES...
LE FRÈRE QUI A DES OPINIONS POLITIQUES DIAMÉTRALEMENT OPPOSÉES AUX VÔTRES...
JE DÉTESTE TA FAÇON DE PENSER !
MOI AUSSI !
ÇA VOUS FAIT AU MOINS UN POINT D'ACCORD...
LE FRÈRE QUI VOUS ADMIRE BEAUCOUP...
J'ADORE TA FAÇON DE T'HABILLER... TU ME PRÊTES TON CHAPEAU À FLEURS ?
TU AS RAISON. TU SERAIS RIDICULE AVEC UN HAUT-DE-FORME...
LE FRÈRE COMPLÈTEMENT DÉSINTÉRESSÉ...
L'ARGENT NE COMPTE PAS POUR MOI. QUAND PAPA DÉCÉDERA, SA FORTUNE SERA POUR TOI TOUTE SEULE... JE NE VEUX PAS UN SOU...
MAIS IL N'A QUE DES DETTES !
LE FRÈRE FURIEUSEMENT INTÉRESSÉ...
T'AS VU ! ÇA Y EST, LE VIEUX EST ENFIN CANÉ, ON DIRAIT.
MAIS NON ! ÇA C'EST POUR LE VOISIN DU DESSUS, CRÉTIN ! PAPA, IL EST PARTI AU CLUB MED AVEC LA BONNE...
LE FRÈRE QUI A ÉCHOUÉ DANS LA VIE...
ON VA FAIRE UN DÉTOUR ! IL S'EST INSTALLÉ EXPRÈS DEVANT CHEZ NOUS POUR NOUS FAIRE HONTE ET NOUS EXTORQUER DE L'ARGENT...
LE FRÈRE TRADER, QUI A OUTRAGEUSEMENT RÉUSSI DANS L'EXISTENCE...
VOUS ÊTES EN RETARD ! VOUS ÊTES VENUS PAR LE BUS, JE PARIE ?... FALLAIT ME PRÉVENIR, JE VOUS AURAIS ENVOYÉ MON CHAUFFEUR !
ÇA COMMENCE ...
JE VAIS LE TUER !
8

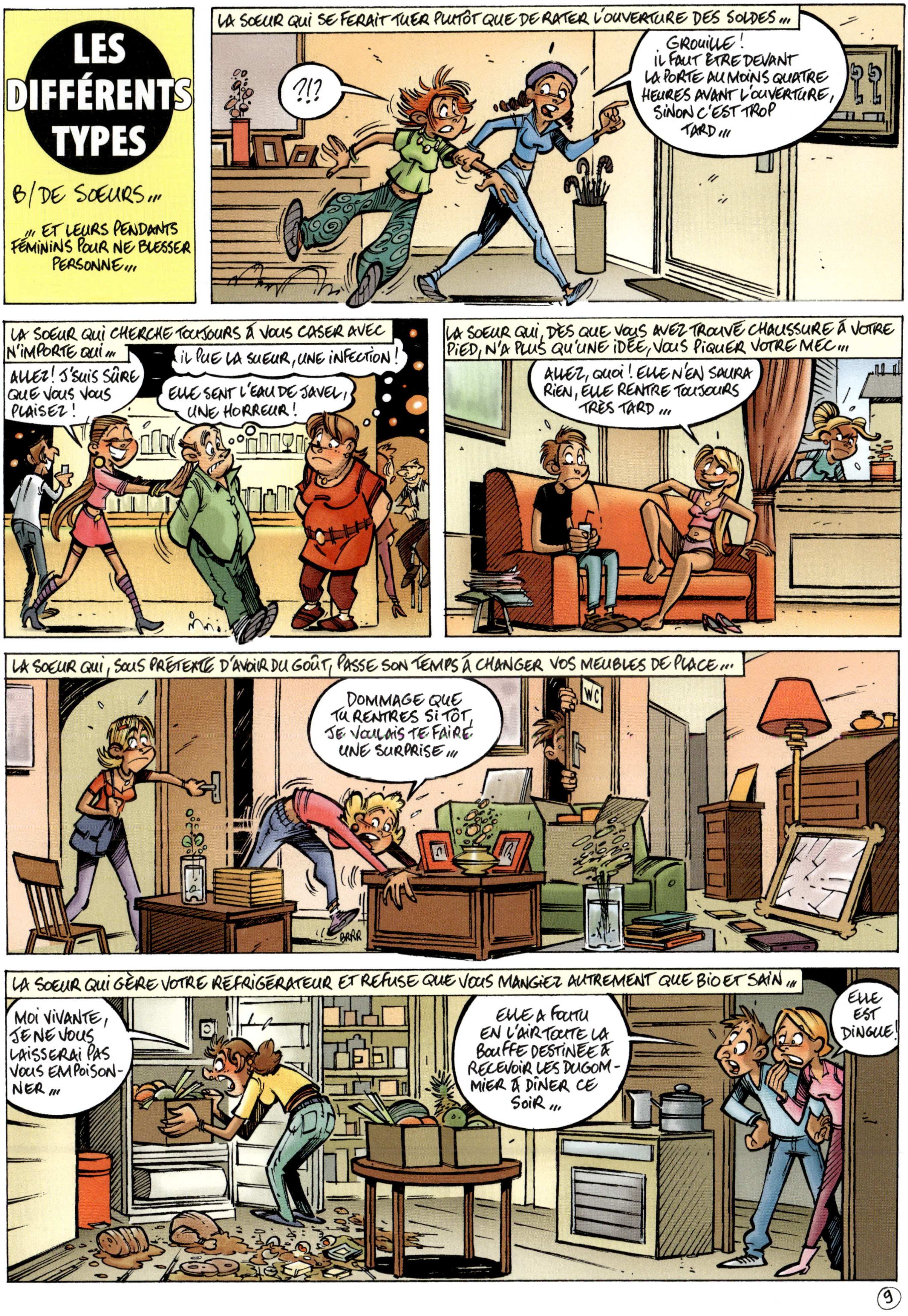
LES DIFFÉRENTS TYPES
B/ DE SOEURS...
... ET LEURS PENDANTS FÉMININS POUR NE BLESSER PERSONNE...
LA SOEUR QUI SE FERAIT TUER PLUTÔT QUE DE RATER L'OUVERTURE DES SOLDES...
?!?
GROUILLE ! IL FAUT ÊTRE DEVANT LA PORTE AU MOINS QUATRE HEURES AVANT L'OUVERTURE, SINON C'EST TROP TARD...
LA SOEUR QUI CHERCHE TOUJOURS À VOUS CASER AVEC N'IMPORTE QUI...
ALLEZ ! J'SUIS SÛRE QUE VOUS VOUS PLAISEZ !
IL PUE LA SUEUR, UNE INFECTION !
ELLE SENT L'EAU DE JAVEL, UNE HORREUR !
LA SOEUR QUI, DÈS QUE VOUS AVEZ TROUVÉ CHAUSSURE À VOTRE PIED, N'A PLUS QU'UNE IDÉE, VOUS PIQUER VOTRE MEC...
ALLEZ, QUOI ! ELLE N'EN SAURA RIEN, ELLE RENTRE TOUJOURS TRÈS TARD...
LA SOEUR QUI, SOUS PRÉTEXTE D'AVOIR DU GOÛT, PASSE SON TEMPS À CHANGER VOS MEUBLES DE PLACE...
WC
DOMMAGE QUE TU RENTRES SI TÔT, JE VOULAIS TE FAIRE UNE SURPRISE...
BRRR
LA SOEUR QUI GÈRE VOTRE RÉFRIGÉRATEUR ET REFUSE QUE VOUS MANGIEZ AUTREMENT QUE BIO ET SAIN...
MOI VIVANTE, JE NE VOUS LAISSERAI PAS VOUS EMPOISONNER...
ELLE A FOUTU EN L'AIR TOUTE LA BOUFFE DESTINÉE À RECEVOIR LES DUGOMMIER À DÎNER CE SOIR...
ELLE EST DINGUE !
9

LES DIFFÉRENTS TYPES
C/DE COLLATÉRAUX(*)
POUR CEUX QUI NE SONT PAS AU COURANT, IL FAUT QUE VOUS SACHIEZ QUE…
(*) COLLATÉRAUX : LATÉRAUX QUI SONT TRÈS COLLANTS.
SOEUR CLASSIQUE.
LE MARI DE LA SOEUR S'APPELLE UN "BEAU-FRÈRE" (QUEL QUE SOIT SON PHYSIQUE).
L'ÉQUIPE
J'TE PARIE QUE LE PSG VA ENCORE SE FAIRE TORTILLER PAR LES BULGO-SOMALIENS…
MAIS COMMENT MA SOEUR A-T-ELLE PU ÉPOUSER UN CRÉTIN PAREIL ? ELLE A FAIT L'ÉNA…
BEN JUSTEMENT…
FRÈRE CLASSIQUE.
LA FEMME DU FRÈRE S'APPELLE UNE "BELLE SOEUR" (QUEL QUE SOIT SON PHYSIQUE, MÊME CAS EXTRÊME)
J'VA POINT POUVOIR TRICOTER LA MANCHE GAUCHE, J'A POINT ASSEZ DE LAINE…
C'EST PAS DE CHANCE…
MAIS COMMENT MON FRÈRE A-T-IL PU ÉPOUSER UNE MOCHETÉ PAREILLE ? IL A FAIT DEUXIÈME À "MONSIEUR APOLLON DE MONTREUIL"…
PARAÎT QU'ELLE A UNE BONNE PENSION DE HANDICAPÉE…
LES ENFANTS MÂLES DE LA SOEUR ET DU BEAU-FRÈRE S'APPELLENT DES…
…DES DÉBILES ?
…NON ! DES NEVEUX.
MIAAAAAA AAOOOWW…
LES ENFANTS FEMELLES DU FRÈRE ET DE LA BELLE-SOEUR S'APPELLENT DES…
…DES ENGEANCES ?
…NON ! DES NIÈCES.
WWWOUA AOUUUU…
SE SOUVENIR QUE, QUAND ON REÇOIT TOUTE LA FAMILLE À DÎNER, IL FAUT NON SEULEMENT SUPPORTER LES CONJOINTS, MAIS ÉVITER D'ÉTRANGLER LES REJETONS…
MIAAAOOO WWWW…
VAS-Y !
ATTRAPE-LE !
ROBERT ! PRENDS ENCORE DEUX CACHETS DE DODOMILLE, ÇA TE FERA DU BIEN…
ÇA SUFFIRA PAS…
DING ! DONG ! DANG !
FOUS-Y UN COUP DE CASSEROLE SUR LA TÊTE !
(10)

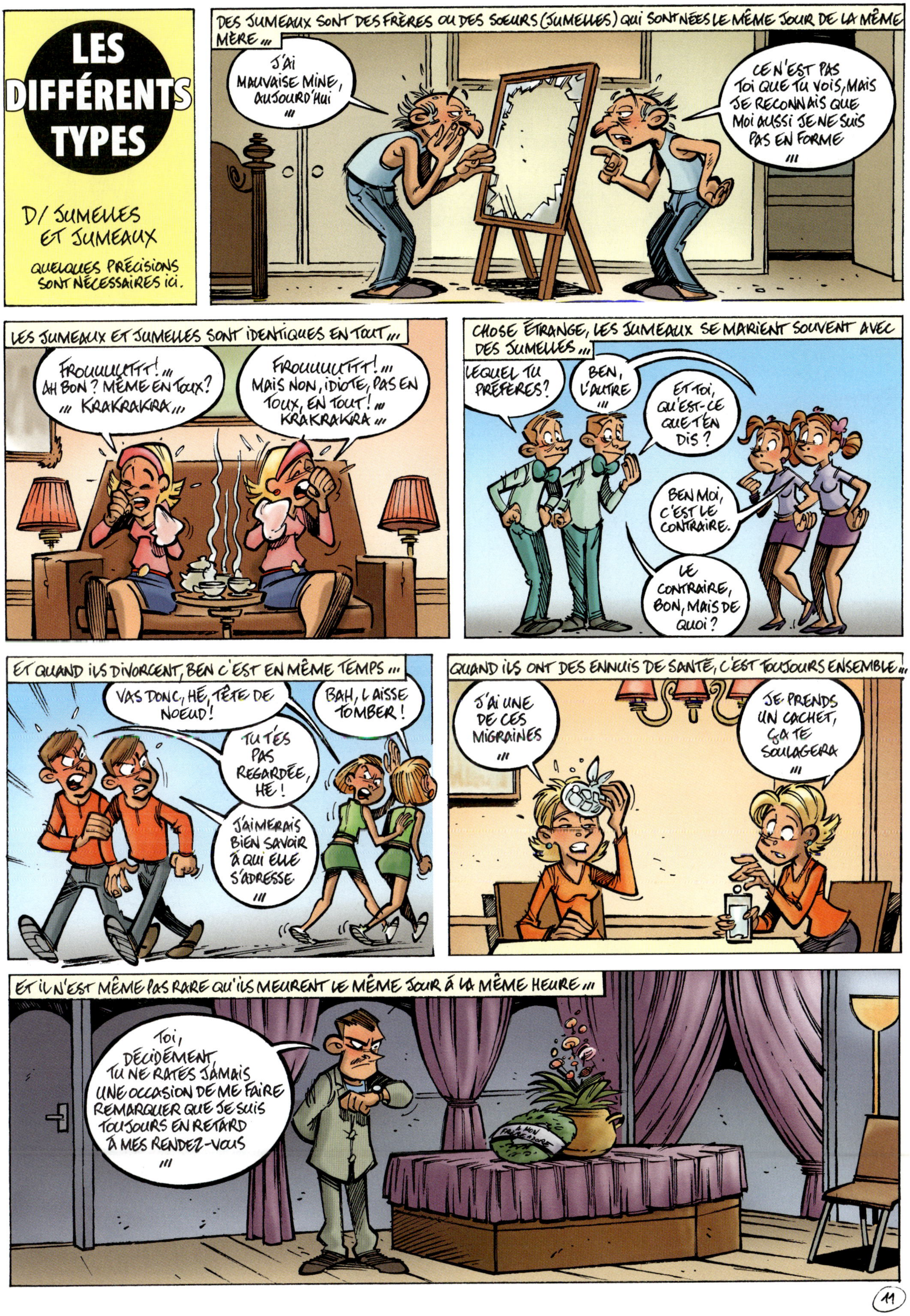
LES DIFFÉRENTS TYPES
D/ JUMELLES ET JUMEAUX
QUELQUES PRÉCISIONS SONT NÉCESSAIRES ICI.
DES JUMEAUX SONT DES FRÈRES OU DES SOEURS (JUMELLES) QUI SONT NÉES LE MÊME JOUR DE LA MÊME MÈRE...
J'AI MAUVAISE MINE, AUJOURD'HUI ...
CE N'EST PAS TOI QUE TU VOIS, MAIS JE RECONNAIS QUE MOI AUSSI JE NE SUIS PAS EN FORME ...
LES JUMEAUX ET JUMELLES SONT IDENTIQUES EN TOUT...
FROUUUUTTT!... AH BON ? MÊME EN TOUX ? ... KRAKRAKRA...
FROUUUUTTT!... MAIS NON, IDIOTE, PAS EN TOUX, EN TOUT! ... KRAKRAKRA ...
CHOSE ÉTRANGE, LES JUMEAUX SE MARIENT SOUVENT AVEC DES JUMELLES...
LEQUEL TU PRÉFÈRES ?
BEN, L'AUTRE ...
ET TOI, QU'EST-CE QUE T'EN DIS ?
BEN MOI, C'EST LE CONTRAIRE.
LE CONTRAIRE, BON, MAIS DE QUOI ?
ET QUAND ILS DIVORCENT, BEN C'EST EN MÊME TEMPS ...
VAS DONC, HÉ, TÊTE DE NOEUD !
BAH, LAISSE TOMBER !
TU T'ES PAS REGARDÉE, HÉ !
J'AIMERAIS BIEN SAVOIR À QUI ELLE S'ADRESSE ...
QUAND ILS ONT DES ENNUIS DE SANTÉ, C'EST TOUJOURS ENSEMBLE...
J'AI UNE DE CES MIGRAINES ...
JE PRENDS UN CACHET, ÇA TE SOULAGERA ...
ET IL N'EST MÊME PAS RARE QU'ILS MEURENT LE MÊME JOUR À LA MÊME HEURE ...
TOI, DÉCIDÉMENT TU NE RATES JAMAIS UNE OCCASION DE ME FAIRE REMARQUER QUE JE SUIS TOUJOURS EN RETARD À MES RENDEZ-VOUS ...
11

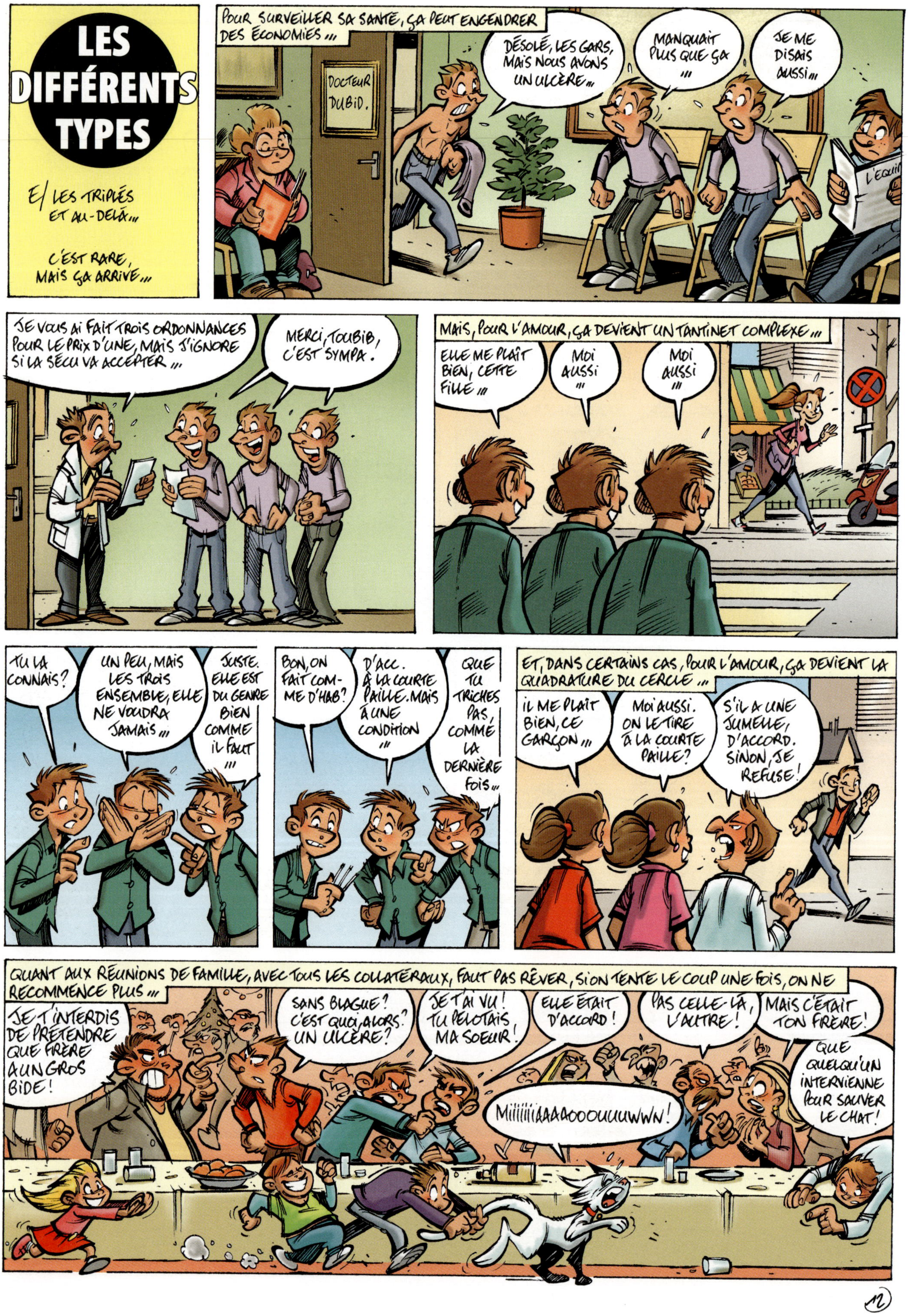
LES DIFFÉRENTS TYPES
E/ LES TRIPLÉS ET AU-DELÀ...
C'EST RARE, MAIS ÇA ARRIVE...
POUR SURVEILLER SA SANTÉ, ÇA PEUT ENGENDRER DES ÉCONOMIES...
DOCTEUR DUBID.
DÉSOLÉ, LES GARS, MAIS NOUS AVONS UN ULCÈRE...
MANQUAIT PLUS QUE ÇA...
JE ME DISAIS AUSSI...
L'ÉQUIP
JE VOUS AI FAIT TROIS ORDONNANCES POUR LE PRIX D'UNE, MAIS J'IGNORE SI LA SÉCU VA ACCEPTER...
MERCI, TOUBIB, C'EST SYMPA.
MAIS, POUR L'AMOUR, ÇA DEVIENT UN TANTINET COMPLEXE...
ELLE ME PLAIT BIEN, CETTE FILLE...
MOI AUSSI...
MOI AUSSI...
TU LA CONNAIS?
UN PEU, MAIS LES TROIS ENSEMBLE, ELLE NE VOUDRA JAMAIS...
JUSTE. ELLE EST DU GENRE BIEN COMME IL FAUT...
BON, ON FAIT COMME D'HAB?
D'ACC. À LA COURTE PAILLE. MAIS À UNE CONDITION...
QUE TU TRICHES PAS, COMME LA DERNIÈRE FOIS...
ET, DANS CERTAINS CAS, POUR L'AMOUR, ÇA DEVIENT LA QUADRATURE DU CERCLE...
IL ME PLAIT BIEN, CE GARÇON...
MOI AUSSI. ON LE TIRE À LA COURTE PAILLE?
S'IL A UNE JUMELLE, D'ACCORD. SINON, JE REFUSE!
QUANT AUX RÉUNIONS DE FAMILLE, AVEC TOUS LES COLLATÉRAUX, FAUT PAS RÊVER, SI ON TENTE LE COUP UNE FOIS, ON NE RECOMMENCE PLUS...
JE T'INTERDIS DE PRÉTENDRE QUE FRÈRE A UN GROS BIDE!
SANS BLAGUE? C'EST QUOI, ALORS? UN ULCÈRE?
JE T'AI VU! TU PELOTAIS MA SOEUR!
ELLE ÉTAIT D'ACCORD!
PAS CELLE-LÀ, L'AUTRE!
MAIS C'ÉTAIT TON FRÈRE!
QUE QUELQU'UN INTERVIENNE POUR SAUVER LE CHAT!
MIIIIIIAAAAOOOUUUWWN!
12

LES DIFFÉRENTS TYPES
F/ LES QUINTUPLÉS
BIEN QUE RARISSIME, CELA MÉRITE D'ÊTRE MENTIONNÉ...
MAIS OUI. JE VOUS ASSURE. J'AI TROIS SOEURS ET UN FRÈRE. TOUS JUMEAUX. AVEC MOI, ÇA FAIT CINQ!
ÇA DOIT ÊTRE SYMPA!
VOUS RIGOLEZ! DÈS LE DÉPART C'ÉTAIT LA GUERRE!
POURQUOI?
MA MÈRE N'AVAIT QUE DEUX SEINS.
CINQ JUMEAUX!!!... ET VOUS NE VOUS ENTENDEZ PAS DU TOUT?
PAS DU TOUT. MON FRÈRE DENIS EST BÈGUE, MA SOEUR ESTELLE EST SOURDE, MA SOEUR SIDONIE EST KLEPTOMANE, ET MON FRÈRE ANTOINETTE A CHANGÉ DE SEXE. ALORS ON S'ÉVITE, C'EST VRAI
TROIS FRÈRES ET UNE SOEUR? C'EST GÉNIAL! VOUS VOUS VOYEZ SOUVENT?
JAMAIS!
QUEL DOMMAGE? POUR QUELLE RAISON?
SONT TOUS MORTS EN BAS ÂGE!
TOUS?
TOUS!
ET VOUS?
MOI AUSSI. MAIS L'HÔPITAL M'A REMPLACÉ PAR UN AUTRE SANS RIEN DIRE, POUR ÉVITER UN PROCÈS...
À NOUS DEUX ON A FAIT 22 ENFANTS DONT TROIS FOIS DES QUINTUPLÉS...
LESQUELS ONT ENGENDRÉ 87 PETITS-ENFANTS DONT UNE FOIS DES SEXTUPLÉS...
TOUS EN BONNE SANTÉ...
HÉLAS! ET NOËL APPROCHE
ET VA FALLOIR PENSER AUX CADEAUX
HÉÉÉ OUI!

13

LES "GRANDS FRÈRES"
ILS DÉCOULENT D'UNE GRANDE DIFFÉRENCE D'ÂGE EN GÉNÉRAL ...
... OU ALORS D'UN CARACTÈRE DE COCHON ...
?
JE TE SIGNALE QUE JE SUIS L'AÎNÉ, DE TRENTE ANS AU MOINS, ET QUE TU ME DOIS LE RESPECT, AVORTON !
C'EST MON GRAND FRÈRE !
HONDA
PAPA ! MON GRAND FRÈRE ET MOI, ON VOULAIT TE DEMANDER ...
... EST-CE QUE TU POURRAIS ARRÊTER DE FAIRE DES ENFANTS ? ... PARCE QUE JE FATIGUE !
JUSTEMENT, JE DIVORCE, ET JE VOUS PRÉSENTE VOTRE FUTURE BELLE-MÈRE !
ALORS, C'EST VRAI, M'MAN ? JE VAIS AVOIR UN PETIT FRÈRE ?
DONT TU SERAS LE GRAND FRÈRE, OUI !
MON RÊVE ! JE VAIS POUVOIR ARRÊTER DE TORTURER LE CHIEN ...
JE T'INTERDIS DE PASSER LA NUIT DEHORS À 14 ANS ! J'AI LE DROIT ! JE SUIS TON GRAND FRÈRE !
JE NE TE CROIS PAS ! T'AS DÛ ÊTRE REMPLACÉ À LA MATERNITÉ ! DÈS DEMAIN JE DEMANDE UNE ANALYSE D'ADN EN URGENCE !
MAIS ... MAIS ...
JE SUIS QUI ? TON GRAND FRÈRE ! CROIS-EN MON EXPÉRIENCE ! ELLE A MAUVAIS GENRE ! CETTE FILLE NE TE CONVIENT PAS DU TOUT !
MAIS ...
VOUS VOULEZ EMBARQUER POUR N'IMPORTE OÙ, MAIS LOIN ET INCOGNITO ? BON. POURQUOI ? VOUS ÊTES RECHERCHÉ PAR LA POLICE ?
PAS DU TOUT. JE SUIS LE GRAND FRÈRE D'UNE FAMILLE DE 14 ENFANTS. RIEN QUE DES FILLES ! JE SUIS LE SEUL GARÇON. JE NE VEUX PAS QU'ON ME RETROUVE !
COMME JE VOUS COMPRENDS !
COKE EN STO
14.

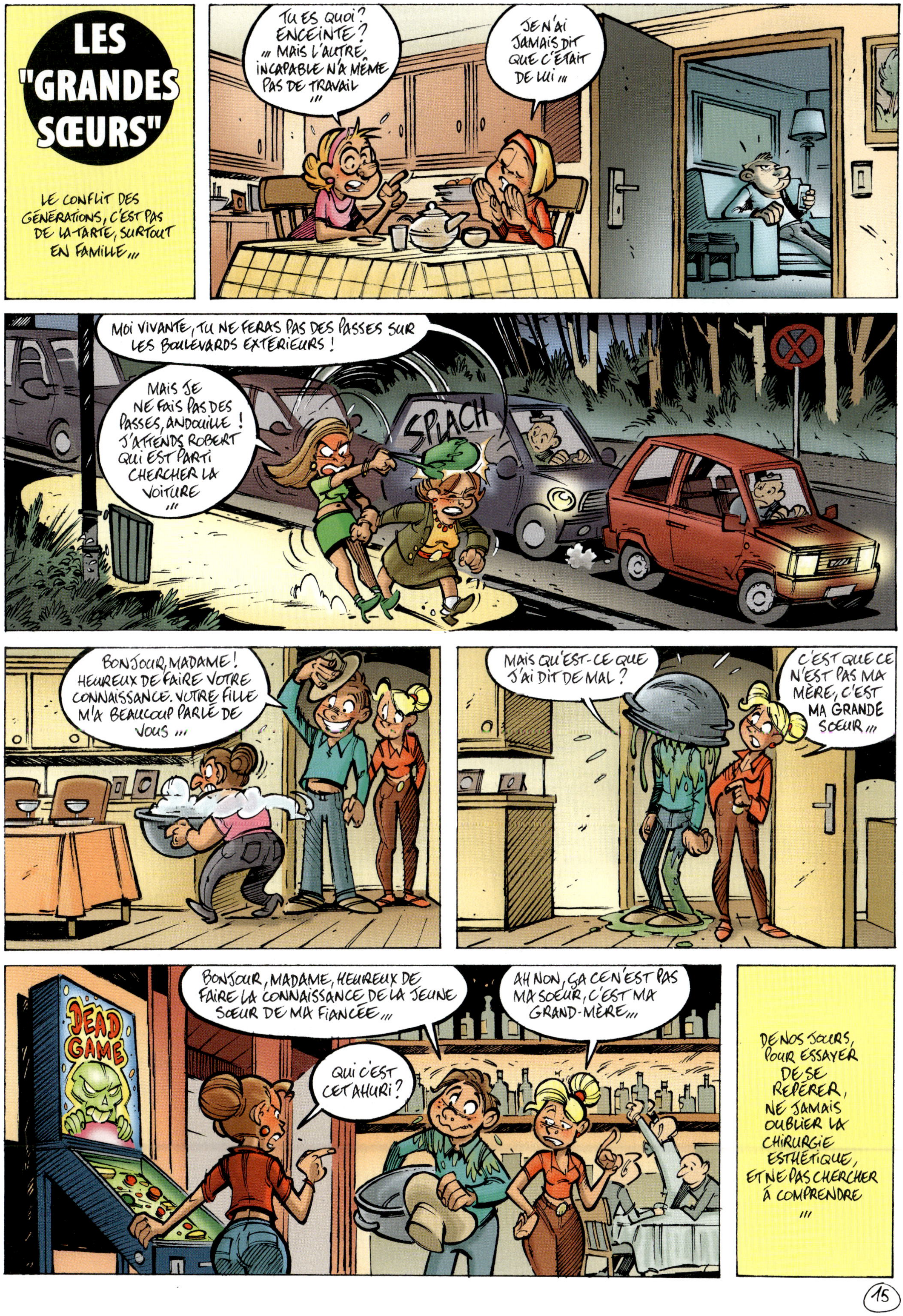
LES "GRANDES SŒURS"
LE CONFLIT DES GÉNÉRATIONS, C'EST PAS DE LA TARTE, SURTOUT EN FAMILLE...
TU ES QUOI? ENCEINTE? ... MAIS L'AUTRE INCAPABLE N'A MÊME PAS DE TRAVAIL ...
JE N'AI JAMAIS DIT QUE C'ÉTAIT DE LUI ...
MOI VIVANTE, TU NE FERAS PAS DES PASSES SUR LES BOULEVARDS EXTÉRIEURS !
MAIS JE NE FAIS PAS DES PASSES, ANDOUILLE ! J'ATTENDS ROBERT QUI EST PARTI CHERCHER LA VOITURE ...
SPLACH
BONJOUR, MADAME ! HEUREUX DE FAIRE VOTRE CONNAISSANCE. VOTRE FILLE M'A BEAUCOUP PARLÉ DE VOUS ...
MAIS QU'EST-CE QUE J'AI DIT DE MAL ?
C'EST QUE CE N'EST PAS MA MÈRE, C'EST MA GRANDE SŒUR ...
BONJOUR, MADAME, HEUREUX DE FAIRE LA CONNAISSANCE DE LA JEUNE SŒUR DE MA FIANCÉE ...
AH NON, ÇA CE N'EST PAS MA SŒUR, C'EST MA GRAND-MÈRE ...
QUI C'EST CET AHURI ?
DEAD GAME
DE NOS JOURS, POUR ESSAYER DE SE REPÉRER, NE JAMAIS OUBLIER LA CHIRURGIE ESTHÉTIQUE, ET NE PAS CHERCHER À COMPRENDRE ...
15

LES "FRÈRES QUI JOUENT LES COURANTS D'AIR"
ET QUI DISPARAISSENT PENDANT 25 ANS SANS DONNER DE NOUVELLES...
SALUT LA COMPAGNIE ! ALORS... QUOI DE NEUF ?
???
Hiiiiii ?!
TOUCHEZ PAS À MA FEMME, OU JE VOUS ASSOMME !
MAIS QUI C'EST CE TYPE ?
TU NE M'RECONNAIS PAS ? MAIS JE SUIS TON FRÈRE, ANDOUILLE !
VOUS NE DEVRIEZ PAS MANGER DE CES SALOPERIES TOUTES FAITES, C'EST MALSAIN ! MOI, EN BROUSSE, LE SINGE QUE JE MANGE, LUI, IL A MANGÉ BIO, C'EST PLUS SÛR...
ALORS, C'EST COMMENT LE GUATEMALA ?
RIEN VU. LA POLICE ME RECHERCHAIT. J'Y SUIS PAS RESTÉ HUIT JOURS. SLURP ! LÀ, JE RENTRE DE LAPONIE...
AH BON... ET C'EST COMMENT, LA LAPONIE ?
SAIS PAS ! RIEN VU. JE RENTRE D'HELSINSKI. J'ÉTAIS PORTIER À L'HÔTEL LUTECIA... Z'AVEZ PAS DE FROMAGE, OU UN TRUC COMME ÇA ?
BON. C'EST PAS QUE JE M'ENNUIE, MAIS J'AI UN AVION À PRENDRE, LES MECS...
BURPS !
SI LA POLICE VOUS INTERROGE, VOUS NE M'AVEZ PAS VU...
T'AURAIS PAS UN PEU GROSSI, TOI, FRANGINE ?
C'EST MON P'TIT FRÈRE.
N'EMPÊCHE QU'IL A L'OEIL. C'EST VRAI QUE T'AS GROSSI.

LES "SŒURS CHAGRINS D'AMOUR PERPÉTUELS"
DES ABONNÉES AU LARGAGE EN RASE CAMPAGNE ...
IL ÉTAIT D'UNE JALOUSIE ... TERRIBLE ! ... IL M'A DIT : "JE NE SUPPORTE PLUS TON AMOUR POUR ALDO ! JE PRÉFÈRE DISPARAÎTRE ! ET IL A DISPARU ! ..."
MAIS QUI EST ALDO ?
MON CHIHUAHUA ...
ÇA L'A PRIS TOUT D'UN COUP ! IL M'A DÉCLARÉ ... MIOM SCHLOPF ... "DE DEUX CHOSES L'UNE, OU TU MAIGRIS, OU JE ME CASSE ..."
ET ALORS ?
ET ALORS JE REPRENDRAIS BIEN DEUX OU TROIS BABAS AU RHUM ...
TU COMPRENDS, IL EST RENTRÉ PLUS TÔT QUE D'HABITUDE, ET M'A TROUVÉE AU LIT AVEC ROBERT !
AÏE-AÏE-AÏE ! ET ALORS ?
ET ALORS, RIEN ! IL S'EN FOUT ! ... BHEUHOU AHEUUUUU ... HOUUU ...
IL ME DISAIT : "JE T'AIMERAI JUSQU'À LA FIN DE MES JOURS ..."
EH BEN ALORS ? ... C'EST TRÈS BEAU, ÇA ...
TU PARLES ! SNIFFFLE ... IL S'EST FLINGUÉ HIER !
TOUT A -70
SOLDES
50%-10
SOLDES
ANTOINE EST BEAU, MAIS PAUVRE ... JÉRÔME EST RICHE, LUI, MAIS LAID ... ALPHONSE EST TRÈS DISTINGUÉ, MAIS VIEUX ... QUE FAIRE ?
LE FAIT EST QUE C'EST EMBARRASSANT ...
BEN OUI, PLUTÔT. SURTOUT QUE GÉRARD A PROMIS DE ME TUER SI JE LE QUITTE ...
C'EST PAS POUR DIRE, MAIS C'EST COMPLIQUÉ, LA VIE DE COUPLE, SURTOUT SI, EN PLUS, ON Y MET DU SENTIMENT ...

LES FRÈRES "PROTECTEURS"
UNE ENGEANCE POUR LES SOEURS. ELLES NE SONT PAS À LA NOCE. (AU PROPRE COMME AU FIGURÉ...)
HÉ, TOI! JE T'AI VU! DEHORS!
MAIS...?! ...NOUS SOMMES MARIÉS DEPUIS HUIT JOURS!!!
JE VEUX BIEN QUE TU AILLES AU BAL POUR VOIR... MAIS LE PREMIER QUI T'INVITE, JE LUI FAIS UNE TÊTE!
CE VIEUX T'A FAIT UN CLIN D'OEIL! JE VAIS LUI FAIRE SA FÊTE!
C'EST L'AVEUGLE DU COIN, ANDOUILLE...
RINGUES.
DILING
DILING
DILING
POUR MANGER
ELECTIO MISS CINQUENTA
ALORS COMME ÇA, MALGRÉ VOS MULTIPLES TITRES DE MISS "EUROPEA, MISS FRANCE 1967, MISS BOURGOGNE, MISS MUNSTER, MISS "LES VIEILLES CHARRUES"... VOUS NE VOUS ÊTES JAMAIS MARIÉE?
FORCÉMENT, J'ÉTAIS LÀ! ILS NE VOULAIENT PAS SE MARIER, ILS VOULAIENT LA SAUTER!
ALORS COMME ÇA, AVEC UN FRÈRE PAREIL, COMMENT T'AS RÉUSSI À VIVRE EN COUPLE?
BEN... EN DEVENANT LESBIENNE.
MY PUSSY CAT
JE SUIS UNE COPINE DE TA SOEUR. ELLE DOIT M'APPRENDRE UN POINT DE TRICOT...
PAS DE PROBLÈME, TU PEUX ENTRER... LE TRICOT, Y'A QU'ÇA QUI L'INTÉRESSE.

18.

LES SŒURS "CÉPAKOMÇA-KONFÉ"
ELLES ADORENT RENDRE SERVICE MÊME QUAND ON NE LEUR DEMANDE RIEN.
DES CREVETTES DANS DES PÂTES À LA CARBONARA? MAIS C'EST PAS COMME ÇA QU'ON FAIT !
BEN TIENS ! BIEN SOÜR ! YÉ LOUI RÉPÈTE À CHAQUE FOIS !
LA BRASSE COULÉE ? AH, NON ! C'EST PAS COMME ÇA QU'ON FAIT !
COOL ! COOL ! ... ET PUIS, COULE !
?
PAULO ! SI TU RECOMMENCES, JE TE FOUS UNE PAIRE DE CLAQUES !
BRAAAAAA AYAAAAAA ...
AAAH, NON ! QUAND ON ÉLÈVE UN ENFANT, C'EST PAS COMME ÇA QU'ON FAIT...
VIENS AVEC TATA, MON CHÉRI !
ARRRGLL ...
JE NE VOUDRAIS PAS AVOIR L'AIR IMPERTINENT MAIS QUAND ON VEUT ATTENTER À SES JOURS, C'EST PAS COMME ÇA QU'ON FAIT...
ET POURTANT, JE L'AVAIS PRÉVENU !
JE NE VOUDRAIS PAS ME MÊLER DE CE QUI NE ME REGARDE PAS, MAIS, MA CHÉRIE, SACHE QUE CE N'EST PAS COMME ÇA QU'ON FAIT ...
MONTRE-LUI, PARCE QUE MOI, JE RENONCE ...
IL N'Y A RIEN DE PLUS ÉNERVANT QUE CES PROCHES QUI, EN TOUTES CIRCONSTANCES, SAVENT MIEUX QUE VOUS... SURTOUT QUAND ILS ONT RAISON !
19

LES FRÈRES "CÉPAKOMÇA KONPANSS"
ILS NE PENSENT PAS COMME VOUS, ET SE DEMANDENT POURQUOI...
FRANCHEMENT, TOI, MON PROPRE FRÈRE, TU NE VAS TOUT DE MÊME PAS VOTER POUR CE POURRI DE TROUDUKE ?
OCCUPE-TOI DE TÉFAISSE !!!
VOTEZ TROUDUKE
VOTEZ TÉFAISSE
FRANCHEMENT, MA PAUVRE SOEUR... TOUT CET ATTIRAIL... ON PEUT APPRENDRE À S'EN PASSER, TU SAIS...
AVEC QUATRE MÔMES ?
WIRLPOULE
UN 4X4 ! IL FAUDRAIT, THEU THEU... QUE JE TE PRÉSENTE NICOLAS*... THEU THEU... LES RÉSERVES DE LA PLANÈTE EN PÉTROLE NE SONT PAS ÉTERNELLES, TU SAIS...
LA CONVERSATION NON PLUS ! TU MONTES OU PAS ?
SAUVONS LA PLANÈTE
* HULOT.
JE TE SIGNALE QUE, DANS LA COMPOSITION DE CETTE SALOPERIE QUE TU MANGES, IL Y A DES FARINES ANIMALES, DES PESTICIDES, DES HUILES HYDROGÉNÉES, DES COLORANTS E842 ET...
TU AURAIS PU ATTENDRE QUE J'AIE FINI DE BOUFFER POUR ME COUPER L'APPÉTIT...
COMMENT !? TOI, MON PROPRE FRÈRE, TU LIS L'ABBÉ HACHEL ? MAIS C'EST UN ARRIVISTE ! UN M'AS-TU-VU ! UN SUPPÔT DU GRAND CAPITAL !!!!
C'EST PAS POUR LIRE, C'EST POUR TESTER LES VOISINS ...
CETTE ANNÉE, COMME TRA DER, J'AI GAGNÉ UNE SOMME À PLUS DE SEPT CHIFFRES... JE PEUX T'EN PASSER UN PEU, SI TU SOUHAITES AGRANDIR TON MAGASIN D'ASTICOTS ?
JE SERAIS OBLIGÉ D'OUVRIR PLUS TÔT. NON, MERCI, SANS FAÇONS !
20

LES SŒURS QUI PROTÈGENT LES ANIMAUX
C'EST SYMPA MAIS ÇA PEUT PRENDRE DES PROPORTIONS INATTENDUES ...
J'AI TROUVÉ UN PETIT CHAT PERDU ET AFFAMÉ ...
... TU PEUX LE GARDER LE TEMPS QUE JE LUI TROUVE UN NOUVEAU FOYER ?
TU DIS TOUJOURS ÇA ... EN ATTENDANT
LES TIGRES SONT EN VOIE DE DISPARITION ! TU DEVRAIS AVOIR HONTE !
QUI EST-CE ?
MA SOEUR, HÉLAS ! ...
EN PLUS, LES RAYURES, C'EST DÉMODÉ.
TU TROUVES ?
UNE BALEINE VIENT DE S'ÉCHOUER SUR LA PLAGE ! VENEZ TOUS NOUS AIDER À LA REMETTRE À L'EAU !
TOI AUSSI FRÉROT !
AIDE-NOUS D'ABORD ...
... À LE RELEVER !
MIOM ?
IL PARAÎT QU'IL N'Y AURA BIENTÔT PLUS DE SINGES BONOBOS AU CONGO. LES BRACONNIERS LES TUENT POUR LES VENDRE COMME "VIANDE DE BROUSSE".
ALDO ! ANNULE NOTRE TOURNÉE AU CONGO ! TOUT DE SUITE !
?
SAUVONS LES ANIMAUX EN VOIE DE DISPARITION !
CE SONT NOS FRÈRES ET NOS SOEURS !

21.

LES FRÈRES ET SŒURS CÉLÈBRES
ÇA COMPLIQUE LES RAPPORTS, SURTOUT QUAND, EN PLUS, ILS SONT CONNUS ...
SALON DU LIVRE DE PARIS - AUJOURD'HUI : PATRICK POIVRE-HESSEL DÉDICACE SON LIVRE : "VIVE LA FAMILLE"
BONJOUR, MADAME. À QUEL NOM, LA DÉDICACE ?
LE NOM DE TA PROPRE SOEUR ? C'EST LE MÊME QUE LE TIEN, ABRUTI !
PATRICK POIVRE-HESSEL
C'EST POUR MADAME LE PREMIER MINISTRE. DITES-LUI QUE SON FRÈRE VIENT LUI RENDRE LE NOUNOURS QUE JE LUI AVAIS VOLÉ QUAND NOUS ÉTIONS PETITS ET AUQUEL ELLE TENAIT TANT...
C'EST, HEU... URGENT ?
MONSIEUR LE PREMIER VIOLON ! CE N'EST PAS PARCE QUE VOUS ÊTES MON FRÈRE QU'IL FAUT VOUS CROIRE AUTORISÉ À JOUER "VIENS POUPOULE" AU BEAU MILIEU DE LA 9ÈME DE BEETHOVEN !
HÉHÉ !
WHOUAH HAHAHA ! ...
HIHI !
MONSIEUR LE CHEF DU PROTOCOLE, VOTRE SOEUR VIENT ENCORE DE SE FAIRE ARRÊTER POUR ATTENTAT AUX BONNES MOEURS, BOURRÉE ET À POIL AU MILIEU DU DÉFILÉ MILITAIRE... ON, HEU, FAIT QUOI ?
EH BIEN, AGUEU MOUF HEU BÊÊÊÊ... COMMENT ?
MONSIEUR L'ASTRONAUTE ! C'EST VOTRE SOEUR ! ELLE DIT QUE VOUS AVEZ ENCORE LAISSÉ LE GAZ ALLUMÉ SOUS LA CAFETIÈRE QUI BOUT, ET ELLE GUEULE QUE VOUS NE CHANGEREZ JAMAIS...
DITES-LUI QUE JE, HEU... LA RAPPELLE APRÈS L'ALUNISSAGE...
DANS CES SITUATIONS-LÀ, COMMUNIQUER DEVIENT LA CROIX ET LA BANNIÈRE, ET Y A DU TIRAGE DANS LES LIENS DU SANG...

22.

LES BEAUX-FRÈRES
SONT-ILS DES FRÈRES GÂTÉS PAR LA NATURE ?...
PAS FORCÉMENT.
GUÉGUÉ... C'EST MON BEAUF !
AGA.
PAR CONTRE, FORCÉMENT, C'EST LE MARI DE VOTRE SOEUR...
MOI, JE LE TROUVE BEAU, QUELQUE PART ...
AHGUOUIIIII ?
PAR CONTRE, IL ARRIVE QUE LE MARI DE VOTRE AUTRE SOEUR SOIT BEAU POUR DE VRAI...
JE SUIS UN BEAU BEAU-FRÈRE BOBO.
... ET QUE VOTRE FEMME SOIT DU MÊME AVIS QUE VOUS...
MOUOUMOUMOUMMMM...
ARGNGNGNNN ...
BISOUMOUMOUMM...
D'OÙ DES INTERROGATIONS À N'EN PLUS FINIR...
QU'EST-CE QUE TU PENSES DE MON BEAUF, MAMAN ?
J'AI QUESTIONNÉ TA SOEUR. IL N'EST PAS SEULEMENT BEAU, AU LIT... IL ASSURE ! ...
HÉHÉ HOHO, HI !
ET DES CONFLITS FAMILIAUX À LA PELLE...
PAPA ! MA FEMME EST PARTIE AVEC CE SALAUD DE MARI DE TA FILLE...
EH BEN, COMME ÇA, ÇA RESTE DANS LA FAMILLE ...
23

LES BELLES-SŒURS
ONT-ELLES UN RAPPORT AVEC LES "BONNES SOEURS" ?? ...
ABSOLUMENT AUCUN !
JE VOUS DEMANDE BIEN PARDON ! MAIS L'EX-FEMME DE MON FRÈRE A DIVORCÉ, ET POURQUOI ?
ALLÉLOUYA ...
POUR PRENDRE LE VOILE !
ALORS ?
HALTE ! STOP ! NOUS NOUS ÉGARONS ! ... ON MARQUE UNE POSE ... ON RESPIRE ... ET ON REPREND NOS ESPRITS ...
ÇA Y EST ? PARFAIT !
LES BELLES-SOEURS NE SONT PAS TOUJOURS BELLES, HÉLAS ...
ENTRE NOUS, FRÉROT, POURQUOI EST-CE QUE TU ...
ELLE EST RICHE, MAIS RICHE, MON PAUV' VIEUX ...
AAAH QUE JE SUIS BELLE EN CE MIROIR ...
PAR CONTRE, IL ARRIVE QUE LES BELLES-SOEURS SOIENT BELLES (JE NE VOUS LE SOUHAITE PAS !)
JE SUIS UNE BELLE BELLE-SOEUR ...
ÇA ME RAPPELLE LA PAGE D'AVANT ...
PAR CONTRE, LA TIENNE ... LÀ, JE RECONNAIS QUE ...
CE QUI PROVOQUE, SOUVENT, DES FRICTIONS ...
JE TE PRIE D'ARRÊTER DE FAIRE DE L'OEIL AU FRÈRE DE TON MARI !
JE PARLERAI DE TON ATTITUDE AGRESSIVE À MON MARI QUI LE RAPPORTERA À MON BEAU-FRÈRE ...
C'EST QUI, CELUI-LÀ ?
PAPA, MAMAN ! IL FAUT QUE JE VOUS AVOUE QUELQUE CHOSE DE GRAVE À PROPOS DE MON BEAU-FRÈRE, QUI FAIT DE L'OEIL AU MARI DE LA SOEUR DE VOTRE FILLE, C'EST-À-DIRE MOI !
ON PRÉFÉRERAIT RESTER EN DEHORS DE CE COUP-LÀ ...
OH LÀ LÀ, OUI !
24.

QUAND ON N'A NI FRÈRE, NI SŒUR, QUE FAIRE ?
INUTILE DE S'ÉNERVER. LE MIEUX, C'EST DE FAIRE COMME SI ...
ÇA SERAIT NETTEMENT PLUS GAI SI J'AVAIS UN FRÈRE. IL SERAIT COMME MOI, À LA RUE, SUR CE BANC, DANS LA DÈCHE ...
MAIS À QUI PARLE-T-IL ?
À SON FRÈRE JUMEAU... QU'IL N'A PAS EU...
TU BOIS TROP, PETIT FRÈRE ...
TU LE SAIS, T'ES MON MEILLEUR COPAIN ! UN VRAI FRÈRE POUR MOI ...
JE VOULAIS JUSTEMENT T'EN PARLER. ET MON FRIC ? TU ME LE RENDS QUAND ?
MAIS POURQUOI TU FAIS DES HISTOIRES ! ON SE CONNAÎT DEPUIS TOUJOURS ! T'ES COMME MA P'TITE SOEUR ...
JUSTEMENT, ÇA NE SE FAIT PAS ! BAS LES PATTES !
PAPA ! MAIS POURQUOI JE SUIS FILS UNIQUE ?
BEN, LA GUERRE ... LES RESTRICTIONS ... LA CRISE ... LE CHÔMAGE ... ET PUIS, TA MÈRE ... T'AS VU TA MÈRE ?
NON, JE N'AI NI FRÈRES NI SOEURS. PAR CONTRE, J'AI PLEIN DE COUSINES ... ÇA COMPENSE !
HIHIHIIII
HIII
HIHI
HIHIHIIII...
25.

QUE PEUT-ON FAIRE AVEC UN FRÈRE OU UNE SŒUR ?
PLEIN DE CHOSES, ET MÊME DAVANTAGE...
PAR EXEMPLE : PARTIR EN VACANCES... OUI, MAIS OÙ ?
MOI, C'QUE J'AIME, C'EST LA MER...
OH OUI !
OH OUIHIHIHI
OH OUIHI HIHI
CLAP CLAP CLAP
MOI, C'QUE JE PRÉFÈRE, C'EST LA MONTAGNE...
OH OUI
OH OUIHIHIHI
OH OUIHIHI HI !
ON FAIT FIFTY-FIFTY ?
FAIRE DU BIZNESS...
ON RASSEMBLE LES FONDS, ON S'ASSOCIE À 50/50, ET ON OUVRE UNE BOUTIQUE DE VÉLOS DE COURSE...
... NON ! DES MASSAGES RELAXANTS !
OU UNE FRITERIE ?
OU UN BAR À VINS ?!
... FAIRE DU SPORT...
JE T'AI VU ! T'AS DÉVIÉ LE BALLON AVEC LA MAIN !
RAPPORTEUR ! C'ÉTAIT DÉJÀ COMME ÇA QUAND T'ÉTAIS P'TIT, À TOUT CAFTER À PAPA !
TRIIIII IIIITTT...
DISCUTER GENTIMENT DE POLITIQUE...
CHAROGNE ! SALAUD DE PAUVRE ! ...
POURRI DE VENDU AU GRAND CAPITAL...
NON À LA FERME DE L'USINE.
BANG ! PIF ! PAF !
SE RAPPELER DE VIEUX SOUVENIRS ÉMOUVANTS...
TU TE RAPPELLES QUAND TU T'ES FAIT SURPRENDRE DANS LE LIT DE LA GRANDE BERTRUDE, ET QUE TU T'ES ENFUI TOUT NU PAR LA FENÊTRE, HÉHÉHÉ !
COMMENT ? T'AS OSÉ ALLER AVEC BERTRUDE, MA COPINE ? SALOPARD !
LA FERME ! ... OUAÏYYYE !
IL DOIT CONFONDRE AVEC UN AUTRE...
... FAIRE UN DUO COMIQUE...
HEY, C'EST PAS MA SOEUR, C'EST MA COUSINE... Z'AVEZ VU LA COIFFURE ?... Y'A DES ZOISEAUX QU'ONT FAIT LEUR NID, LÀ-D'DANS...
QU'IL EST BÊTE, LUI ! C'EST PAS DES OISEAUX, HÉ... C'EST LA LISTE DE MES COURSES, NON MAIS...
OH, LUI ALORS...

26.

QUE NE PEUT-ON PAS FAIRE AVEC UN FRÈRE OU UNE SŒUR ?
PLEIN DE CHOSES, AUSSI ET MÊME ENCORE PIRE…
MENTIR…
J'AI RENCONTRÉ LE PRÉSIDENT DE LA RÉPUBLIQUE, HIER, ET IL VA M'ATTRIBUER UN BUREAU AUPRÈS DE LUI…
GUÉ-GUÉ ! JE LE VOIS TOUT DE SUITE À SON NEZ, QUAND IL MENT…
PROMETTRE LA LUNE…
TU ME PRÊTES MILLE EUROS, ET JE T'EN RENDS DIX MILLE DANS TROIS MOIS !
ET TA SOEUR !
SPOLIER LA FAMILLE…
PUISQUE JE TE RÉPÈTE QUE PAPA EST D'ACCORD POUR QU'ON VENDE LA MAISON…
???
C'EST FAUX ! T'ES DINGUE OU QUOI ?!
FRAPPER…
MAIS QU'EST-CE QUI TE PREND, TOUT D'UN COUP, SANS PRÉVENIR ?
SKOSCK
AAAAH, ÇA FAIT DU BIEN… VINGT ANS QUE J'EN RÊVAIS…
DÉNONCER…
C'EST MON FRÈRE QUI A VOLÉ LA MOTO, IL EST DINGUE DES HARLEY-DAVIDSON…
MÉPRISER…
C'EST POUR MANGER, MA SOEURETTE CHÉRIE…
T'AS QU'À TRAVAILLER, FEIGNASSE !
OGHOO
SKLONG !
J'AI FAIM
AVOUER…
TU SAIS… TA FAMEUSE COLLECTION DE TIMBRES RARES, QUAND T'AVAIS HUIT ANS… C'EST MOI QUI Y AI FOUTU LE FEU-HEU-HEU-HEUUU…
ALLONS, P'TIT FRÈRE ! C'EST LOIN ! FAUT PAS TE METTRE DANS CET ÉTAT-LÀ…

LES DEMI(E)S (FRÈRES OU SŒURS) QU'EST-CE ?
VASTE PROGRAMME... QUELQUES PRÉCISIONS S'IMPOSENT ...
CE SONT DES FRÈRES OU DES SOEURS QUI NE SONT PAS DE LA MÊME MÈRE OU DU MÊME PÈRE...
ÉCHEC ET MAT ! CHEZ TOI, LA PARTIE DU DEMI PRÉVAUT NETTEMENT SUR LA PARTIE DU FRÈRE, JE TROUVE...
POK
AGA-TU-TU ... CROIS VRAIMENT ?
CELA DIT, LES CONCLUSIONS QUI EN DÉCOULENT SONT GÉNÉRALEMENT DISCUTABLES...
D'ABORD, TON PÈRE À TOI, C'EST UN CON !
PAS VRAI ! C'EST TON PÈRE À TOI QU'EST UN CON !
D'OÙ DES DISCUSSIONS À N'EN PLUS FINIR...
JE NE VOIS VRAIMENT PAS CE QUI T'AUTORISE À TE CROIRE SUPÉRIEUR !
NE L'ÉCOUTE PAS, MON FILS, TU SAIS BIEN QUE TU ES LE MEILLEUR !
... QUI EMPOISONNENT LA VIE DE TOUT LE MONDE...
RHIGNI GNIIII...
DU CALME, JOE...
TOUT LE CARACTÈRE DE SON PÈRE...
HEUREUSEMENT, IL EST MORT D'UN INFAR JEUNE...
J'AI HÉRITÉ DE MON PÈRE SON INTELLIGENCE...
ET MOI, DU MIEN, SON SENS DE L'HUMOUR...
MAMAN, C'EST VRAI QUE LE PÈRE DE MON DEMI-FRÈRE ÉTAIT LUI AUSSI UN SPRINTER REMARQUABLE ?
EXACT. IL S'EST BARRÉ VITE FAIT.
NÉANMOINS, ÇA FONCTIONNE BIEN PARFOIS...
EN FAIT, ON EST TRÈS COMPLÉMENTAIRES...
MON PÈRE ÉTAIT PORTEUR AUX HALLES...
LE MIEN, GUÉGUÉ NÉGRIER.

28.

LES CONJOINTES 1/ DES FRÈRES QU'EST-CE ?
CE SONT DONC DES FILLES ...
BEN NON, JUSTEMENT, PAS FORCÉMENT...
POWER MASS
TESTO FIX
HUMF!
PAPA, À CE PROPOS, IL FAUT QUE JE T'AVOUE QUELQUE CHOSE ...
HEU, NON... PAS TOUT DE SUITE, PAS, HEU... ICI... PLUS TARD ...
SAPRISTI, CETTE SACRÉE SÉRAPHINE ! ON EN A PRIS, DU BON TEMPS TOUS LES DEUX, PAS VRAI ? QU'EST-CE QUE TU FABRIQUES AVEC MON FRÈRE ?
AU BAR DES AMIS DU PONT
TRANSPORTS
DOLMÉ
JE TE PRÉSENTE MA FEMME.
DES JUMELLES ? SANS BLAGUE ! ET TU T'ES MARIÉ AVEC LAQUELLE ?
JE NE SAIS PAS, ELLES NE VEULENT PAS ME LE DIRE ...
TA BELLE-SOEUR, FRÉROT !
MA PAUVRE ! C'EST ARRIVÉ COMMENT ? ACCIDENT ?
NON, C'EST DE NAISSANCE. Z'AVEZ QUE'QUE CHOSE CONTRE LES BÉQUILLES ?
VOUS DEVEZ SAVOIR, CHÈRE VIOLAINE, QUE MON FILS EST IMPRÉVISIBLE, VOLAGE, BRUTAL, MALHONNÊTE, MENTEUR COMME UN ARRACHEUR DE DENTS ET ...
VOUS INQUIÉTEZ PAS, J'AI DÉJÀ VU PIRE ...
SNIIIIIFLE ...
À CE QU'IL PARAÎT, ON DIT QUE LES AMIS DE MES AMIS SONT MES AMIS. MAIS ÇA NE VEUT PAS DIRE QUE LES FEMMES DE MES FRÈRES SOIENT DES AMIES. ÇA N'A, HÉLAS, RIEN À VOIR ...
29.

LES CONJOINTS
2/ DES SŒURS
QU'EST-CE ?
EN BONNE LOGIQUE, ÇA SERAIT DONC DES GARÇONS, NON ?
JEUNE FEMME DYNAMIQUE, RIEUSE, CLASSE, CHARME, AFFECTUEUSE, CHERCHE JEUNE HOMME FORTUNÉ POUR REGARDER L'AVENIR À DEUX. URGENT...
URGENTISSIME, SOEURETTE ! QU'ON SORTE DE CE TROU À RATS !
TIP TIP TIP TOP
ALORS COMME ÇA, VOUS PRÉTENDEZ AVOIR ÉPOUSÉ MA SOEUR ?
BEN OUI. ENFIN, C'EST CE QU'ON M'A DIT. SOUS TOUTES RÉSERVES, HEIN !
DEPUIS LONGTEMPS, ON EST HABITUÉS DANS LA FAMILLE À CE QUE TU NOUS EN RAMÈNES DES PAS PIQUÉS DES HANNETONS ! MAIS, LÀ... D'OÙ SORT-IL, CELUI-LÀ ?
OOOOOH ! NE COMMENÇONS PAS À PARLER POLITIQUE, S'IL TE PLAÎT !
IL PARAÎT QU'AU BHOUTAN, UNE JEUNE FEMME PEUT AVOIR PLUSIEURS MARIS, AFFF AFFF... EN TANT QUE FRÈRE, T'EN PENSES QUOI, TOI ?
JE SUIS D'ACCORD POUR QUE TU TE PARTAGES ENTRE PLUSIEURS BEAUFS, MAIS À CONDITION QU'ILS SOUTIENNENT LE PSG...
WHAOU ! SUPER LOT ! COMMENT T'AS FAIT TON COMPTE, SOEURETTE CHÉRIE, TON MARI A AU MOINS 30 ANS DE MOINS QUE TOI ?
JE LUI AI MONTRÉ TA PHOTO.
OUI, JE SAIS. LA VIE DE FAMILLE, C'EST PAS DE LA TARTE. MAIS IL Y A PIRE. (LIRE "SANS FAMILLE", D'HECTOR MALOT).

30.

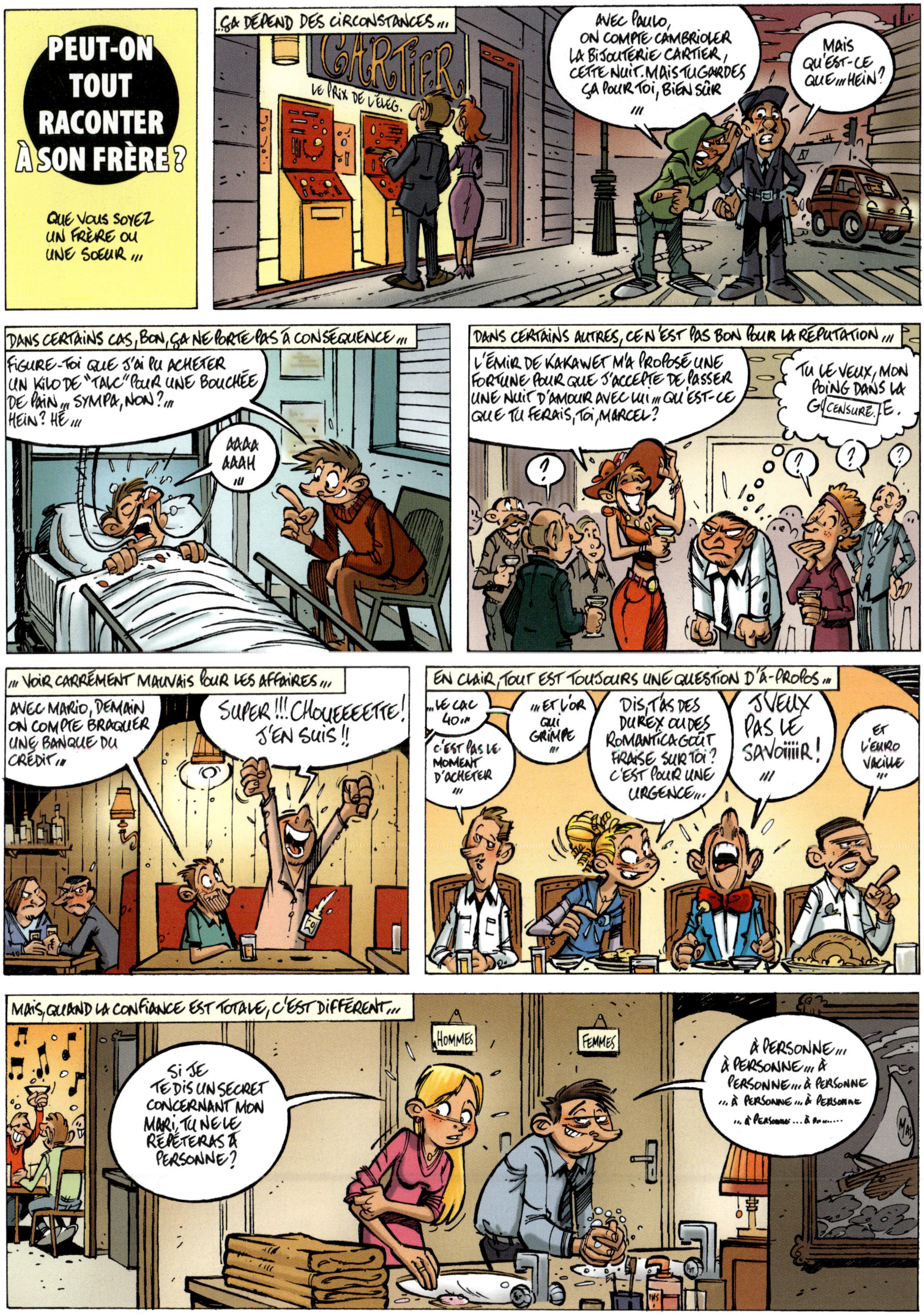
PEUT-ON TOUT RACONTER À SON FRÈRE ?
QUE VOUS SOYEZ UN FRÈRE OU UNE SOEUR...
...ÇA DÉPEND DES CIRCONSTANCES...
CARTIER
LE PRIX DE L'ÉLÉG.
AVEC PAULO, ON COMPTE CAMBRIOLER LA BIJOUTERIE CARTIER, CETTE NUIT. MAIS TU GARDES ÇA POUR TOI, BIEN SÛR...
MAIS QU'EST-CE QUE... HEIN?
DANS CERTAINS CAS, BON, ÇA NE PORTE PAS À CONSÉQUENCE...
FIGURE-TOI QUE J'AI PU ACHETER UN KILO DE "TALC" POUR UNE BOUCHÉE DE PAIN... SYMPA, NON?... HEIN? HÉ...
AAAA AAAH...
DANS CERTAINS AUTRES, CE N'EST PAS BON POUR LA RÉPUTATION...
L'ÉMIR DE KAKAWET M'A PROPOSÉ UNE FORTUNE POUR QUE J'ACCEPTE DE PASSER UNE NUIT D'AMOUR AVEC LUI... QU'EST-CE QUE TU FERAIS, TOI, MARCEL?
TU LE VEUX, MON POING DANS LA G CENSURÉ E.
...VOIR CARRÉMENT MAUVAIS POUR LES AFFAIRES...
AVEC MARIO, DEMAIN ON COMPTE BRAQUER UNE BANQUE DU CRÉDIT...
SUPER!!! CHOUEEEETTE! J'EN SUIS!!
EN CLAIR, TOUT EST TOUJOURS UNE QUESTION D'À-PROPOS...
...LE CAC 40...
C'EST PAS LE MOMENT D'ACHETER...
...ET L'OR QUI GRIMPE...
DIS, T'AS DES DUREX OU DES ROMANTICA GOÛT FRAISE SUR TOI? C'EST POUR UNE URGENCE...
J'VEUX PAS LE SAVOIIIIR!...
ET L'EURO VACILLE...
MAIS, QUAND LA CONFIANCE EST TOTALE, C'EST DIFFÉRENT...
HOMMES
FEMMES
SI JE TE DIS UN SECRET CONCERNANT MON MARI, TU NE LE RÉPÉTERAS À PERSONNE?
À PERSONNE... À PERSONNE... À PERSONNE... À PERSONNE ...À PERSONNE... À PERSONNE ...À PERSONNE... À P......

31.

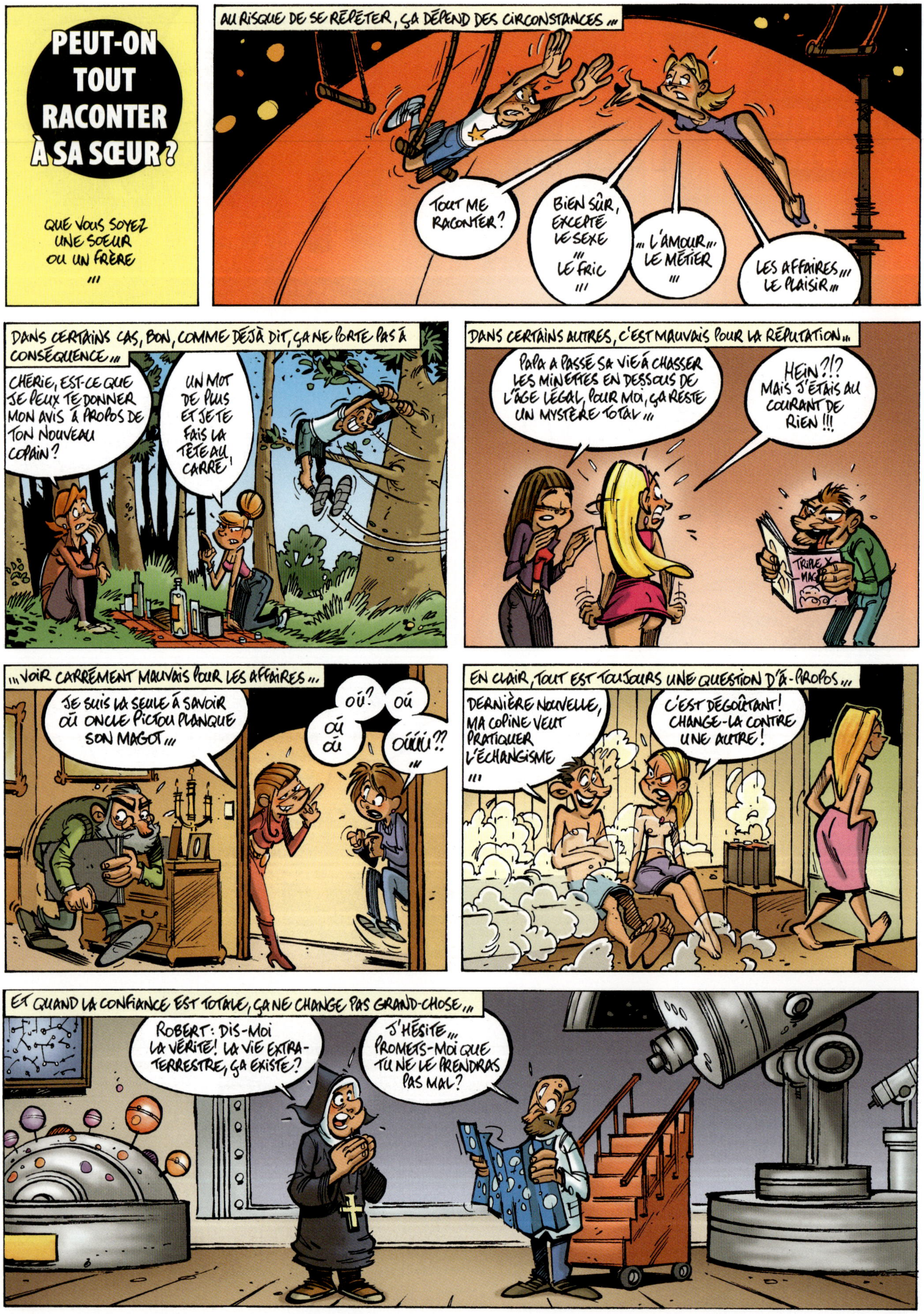
PEUT-ON TOUT RACONTER À SA SŒUR ?
QUE VOUS SOYEZ UNE SOEUR OU UN FRÈRE ...
AU RISQUE DE SE RÉPÉTER, ÇA DÉPEND DES CIRCONSTANCES ...
TOUT ME RACONTER ?
BIEN SÛR, EXCEPTÉ LE SEXE ... LE FRIC ...
... L'AMOUR ... LE MÉTIER ...
LES AFFAIRES ... LE PLAISIR ...
DANS CERTAINS CAS, BON, COMME DÉJÀ DIT, ÇA NE PORTE PAS À CONSÉQUENCE ...
CHÉRIE, EST-CE QUE JE PEUX TE DONNER MON AVIS À PROPOS DE TON NOUVEAU COPAIN ?
UN MOT DE PLUS ET JE TE FAIS LA TÊTE AU CARRÉ !
DANS CERTAINS AUTRES, C'EST MAUVAIS POUR LA RÉPUTATION ...
PAPA A PASSÉ SA VIE À CHASSER LES MINETTES EN DESSOUS DE L'ÂGE LÉGAL, POUR MOI, ÇA RESTE UN MYSTÈRE TOTAL ...
HEIN ?!? MAIS J'ÉTAIS AU COURANT DE RIEN !!!
TRIPLE X MAG
... VOIR CARRÉMENT MAUVAIS POUR LES AFFAIRES ...
JE SUIS LA SEULE À SAVOIR OÙ ONCLE PICTOU PLANQUE SON MAGOT ...
OÙ ? OÙ OÙ OÙ
OÙÙÙ ?? ...
EN CLAIR, TOUT EST TOUJOURS UNE QUESTION D'À-PROPOS ...
DERNIÈRE NOUVELLE, MA COPINE VEUT PRATIQUER L'ÉCHANGISME ...
C'EST DÉGOÛTANT ! CHANGE-LA CONTRE UNE AUTRE !
ET QUAND LA CONFIANCE EST TOTALE, ÇA NE CHANGE PAS GRAND-CHOSE ...
ROBERT : DIS-MOI LA VÉRITÉ ! LA VIE EXTRA-TERRESTRE, ÇA EXISTE ?
J'HÉSITE ... PROMETS-MOI QUE TU NE LE PRENDRAS PAS MAL ?

TRAVAILLER EN FAMILLE, EST-CE POSSIBLE ?
C'EST RISQUÉ. PASSONS EN REVUE QUELQUES EXEMPLES...
1/ POUR UN FRÈRE...
HOMMES DE LOI...
EN TANT QU'AVOCAT, J'AFFIRME QUE L'ÂME DE CET HOMME EST VIERGE ET PURE...
TIP TIP TOP
MONSIEUR LE PROCUREUR ?
PAPA AVAIT RAISON, T'ES QU'UN MENTEUR ! COMMENT PEUX-TU PROTÉGER UN ÉGORGEUR MULTI-RÉCIDIVISTE ?
GARAGISTES...
IL FAUT CHANGER LES SUSPENSIONS ...
AH BON ? VOTRE FRÈRE M'A DIT LE CARBURATEUR ...
DANSEURS DE CLAQUETTES...
JE RÉPÈTE ! QUATRE PAS À GAUCHE, DEUX EN ARRIÈRE, BORDEL !
MAIS NON, C'EST LE CONTRAIRE, BORDEL TOI-MÊME !
DÉPUTÉS, MAIS PAS DU MÊME BORD...
COMMENT PEUX-TU REPRÉSENTER LA DROITE LA PLUS RÉACTIONNAIRE, SALAUD !
EN TE REGARDANT REPRÉSENTER LA GAUCHE RÉVOLUTION-NAIRE LA PLUS AR-CHAÏQUE, ABRUTI !!
GYMNASTES...
VINGT DIEUX ! TU AS ENCORE PRIS, HUMPFFF ... CINQ KILOS, JE PARIE ! ...
REDRESSE ! TU FERAIS MIEUX D'ENTRETENIR TES BISCOTEAUX, GROS PLOUC !
MÉDECINS SPÉCIALISTES...
LA CAUSE EST ENTENDUE, IL FAUT VOUS OPÉRER...
C'EST VOTRE AVIS ?
NON, VOUS ÊTES GUÉRI. MAIS JE NE PEUX PAS LE DIRE, C'EST LUI L'AÎNÉ ...
33.

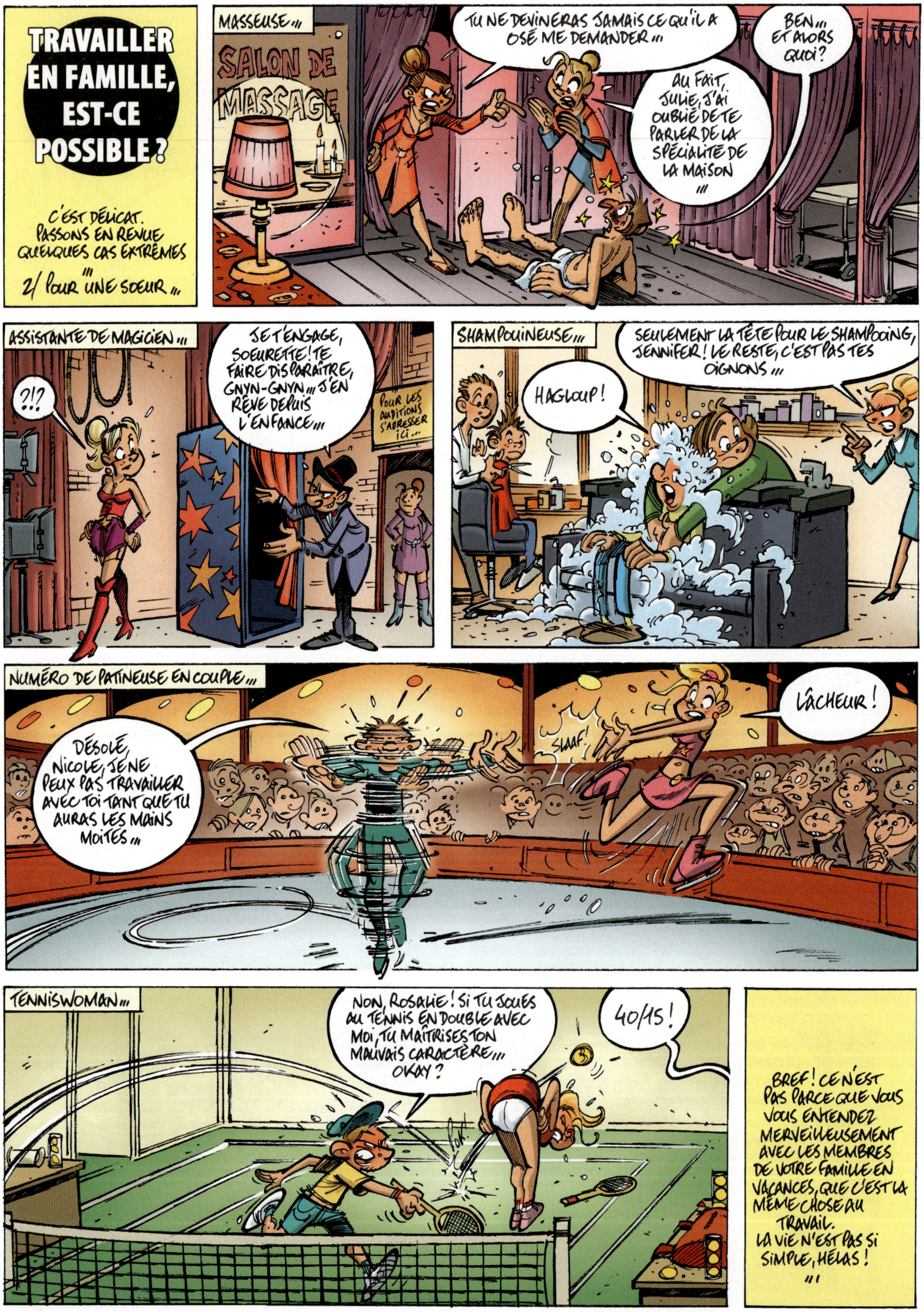
TRAVAILLER EN FAMILLE, EST-CE POSSIBLE ?
C'EST DÉLICAT. PASSONS EN REVUE QUELQUES CAS EXTRÊMES ...
2/ POUR UNE SOEUR...
MASSEUSE...
SALON DE MASSAGE
TU NE DEVINERAS JAMAIS CE QU'IL A OSÉ ME DEMANDER...
BEN... ET ALORS QUOI ?
AU FAIT, JULIE, J'AI OUBLIÉ DE TE PARLER DE LA SPÉCIALITÉ DE LA MAISON ...
ASSISTANTE DE MAGICIEN...
?!?
JE T'ENGAGE, SOEURETTE ! TE FAIRE DISPARAÎTRE, GNYN-GNYN... J'EN RÊVE DEPUIS L'ENFANCE...
POUR LES AUDITIONS S'ADRESSER ICI...
SHAMPOUINEUSE...
SEULEMENT LA TÊTE POUR LE SHAMPOOING, JENNIFER ! LE RESTE, C'EST PAS TES OIGNONS...
HAGLOUP !
NUMÉRO DE PATINEUSE EN COUPLE...
DÉSOLÉ, NICOLE, JE NE PEUX PAS TRAVAILLER AVEC TOI TANT QUE TU AURAS LES MAINS MOITES...
SLAAF!
LÂCHEUR !
TENNISWOMAN...
NON, ROSALIE ! SI TU JOUES AU TENNIS EN DOUBLE AVEC MOI, TU MAÎTRISES TON MAUVAIS CARACTÈRE... OKAY ?
40/15 !
BREF ! CE N'EST PAS PARCE QUE VOUS VOUS ENTENDEZ MERVEILLEUSEMENT AVEC LES MEMBRES DE VOTRE FAMILLE EN VACANCES, QUE C'EST LA MÊME CHOSE AU TRAVAIL. LA VIE N'EST PAS SI SIMPLE, HÉLAS ! ...

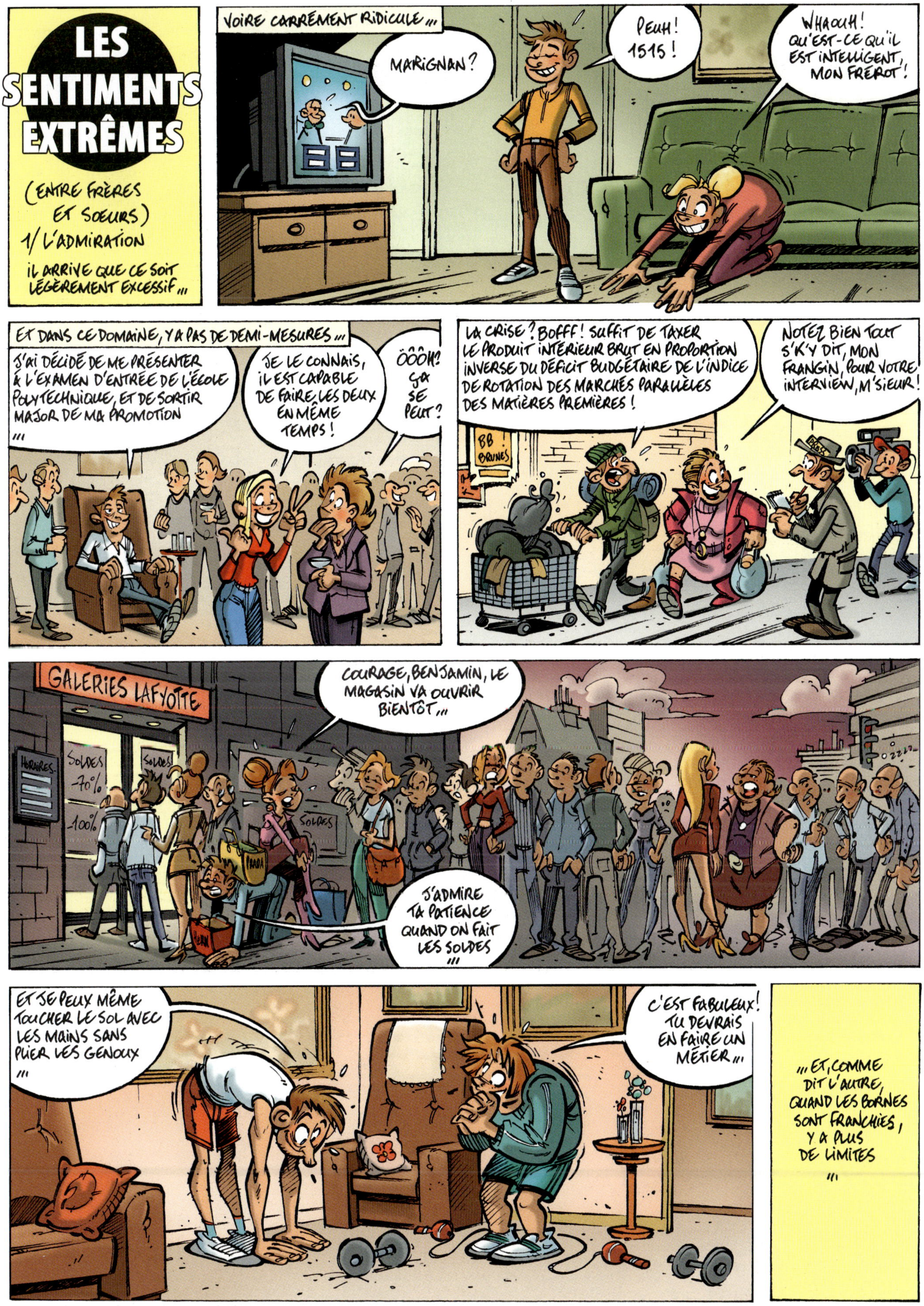
LES SENTIMENTS EXTRÊMES
(ENTRE FRÈRES ET SOEURS)
1/ L'ADMIRATION
IL ARRIVE QUE CE SOIT LÉGÈREMENT EXCESSIF...
VOIRE CARRÉMENT RIDICULE...
MARIGNAN ?
PEUH ! 1515 !
WHAOUH ! QU'EST-CE QU'IL EST INTELLIGENT, MON FRÉROT !
ET DANS CE DOMAINE, Y A PAS DE DEMI-MESURES...
J'AI DÉCIDÉ DE ME PRÉSENTER À L'EXAMEN D'ENTRÉE DE L'ÉCOLE POLYTECHNIQUE, ET DE SORTIR MAJOR DE MA PROMOTION...
JE LE CONNAIS, IL EST CAPABLE DE FAIRE LES DEUX EN MÊME TEMPS !
ÔÔÔH ? ÇA SE PEUT ?
LA CRISE ? BOFFF ! SUFFIT DE TAXER LE PRODUIT INTÉRIEUR BRUT EN PROPORTION INVERSE DU DÉFICIT BUDGÉTAIRE DE L'INDICE DE ROTATION DES MARCHÉS PARALLÈLES DES MATIÈRES PREMIÈRES !
NOTEZ BIEN TOUT S'K'Y DIT, MON FRANGIN, POUR VOTRE INTERVIEW, M'SIEUR !
BB BRUNES
GALERIES LAFYOTTE
COURAGE, BENJAMIN, LE MAGASIN VA OUVRIR BIENTÔT...
HORAIRES
SOLDES -70% -100%
SOLDES !
SOLDES
J'ADMIRE TA PATIENCE QUAND ON FAIT LES SOLDES...
ET JE PEUX MÊME TOUCHER LE SOL AVEC LES MAINS SANS PLIER LES GENOUX...
C'EST FABULEUX ! TU DEVRAIS EN FAIRE UN MÉTIER...
...ET, COMME DIT L'AUTRE, QUAND LES BORNES SONT FRANCHIES, Y A PLUS DE LIMITES...

LES SENTIMENTS EXTRÊMES
(ENTRE FRÈRES ET SOEURS)
2/ L'INDIFFÉRENCE
LE STADE ULTIME PEUT EN EFFET ÊTRE TRÈS EXTRÊME ...
BIP BIP BIP
BON ...
MMHOU...
BIP VRUU VRU
... À PART ÇA, ANATOLE, QUOI DE NEUF ?
JE... JE CROIS QUE TON FRÈRE EST EN TRAIN DE SE NOYER, ALPHONSE ! APPELLE LES SECOURS, VIIIITE !
TU NE VOIS PAS QUE JE SUIS EN TRAIN DE PASSER MES ORDRES EN BOURSE, IDIOTE !
GLOUP GLOUP
NOUS SOMMES EXPULSÉS PAR LA POLICE ET SANS LE SOU, MIRABELLE ! OUVRE !
RASSURE-TOI, J'ENTENDS TRÈS BIEN À TRAVERS LA PORTE ...
BAM BAM BOM BAM BOM
MONSIEUR LE SÉNATEUR, J'AI EN LIGNE VOTRE FRÈRE AÎNÉ QUI VOUDRAIT AVOIR DE VOS NOUVELLES ...
DITES-LUI QU'IL RAPPELLE DANS UN AN OU DEUX ...
... À PROPOS DE L'ARGENT QUE TU ME DOIS... EST-CE QUE TU POURRAIS ME LE RENDRE ?
INUTILE, MON PAUV'VIEUX ! TU N'EN AS PLUS QUE POUR QUELQUES SEMAINES ...
JE CROIS QUE L'AVION DE TON FRÈRE VA S'ÉCRASER AU SOL, MARTINE ...
CELUI-LÀ ! IL FAUT QU'IL FASSE TOUJOURS L'INTÉRESSANT !
VROUP
PET PET
36.

LES SENTIMENTS EXTRÊMES
(ENTRE FRÈRES ET SOEURS)
3/ L'ENVIE
IL Y A TOUJOURS UN DOMAINE, CHEZ L'AUTRE, QUI VOUS FAIT ENVIE...
JE VAIS PASSER MES DEUX MOIS DE VACANCES À SAINT BARTH'... ÇA TE TENTE, SOEURETTE ?
PAS DU TOUT ! MOI, MA CRÊPERIE, C'EST TOUTE MA VIE !
C'EST MA DERNIÈRE "BREITLING" ! LA PLUS CHÈRE ! JE RÉSISTE RAREMENT À UNE BREITLING !
ET ÇA TE FAIT DES HEURES PLUS COURTES OU PLUS LONGUES QUE CELLES DE MA SWATCH ?
T'ES AU COURANT ? TON FRÈRE S'EST OFFERT UN LOFT DERNIER CRI DE 250 MÈTRES À LOS ANGELES...
LE PAUVRE ! JE N'AIMERAIS PAS ÊTRE À SA PLACE, AVEC TOUS CES CAMBRIOLAGES ET CES INCENDIES...
VROUM !
JE SUIS INVITÉE POUR PRÉSIDER LE JURY DU FESTIVAL DE CINÉMA À CANNES, MA CHÈRE... TU VEUX DES INVITES ?
HORAIRES
DÉSOLÉE, MAIS À LA MÊME DATE, NOTRE TANTE M'INVITE À PLOUGASTEL-DAOULAS (1)...
1/ FINISTÈRE.
EH, JOSETTE ! T'AS VU ? JE ME SUIS FAIT REFAIRE LES SEINS ! LES MECS, MAINTENANT, JE TE RACONTE PAS...
J'AI JAMAIS EU ENVIE D'AVOIR UNE GROSSE POITRINE. ÇA FAIT VULGAIRE, JE TROUVE.

LES SENTIMENTS EXTRÊMES
(ENTRE FRÈRES ET SOEURS)
4/ LA HAINE.
ÇA EXISTE, PARFOIS... RIEN DE PIRE, SURTOUT QUAND ON S'EST AIMÉ, "AVANT"...
...ALORS ON S'ÉVITE...
ATTENTION, VOILÀ MA SOEUR ET SON CRÉTIN DE MARI QUI A ENGLOUTI MES ÉCONOMIES, FAISONS SEMBLANT DE NE PAS LES VOIR...
ÇA VA PAS ÊTRE DE LA TARTE, ON VA SE TAMPONNER...
Z MOMO
HOTEL
...ON SE MONTE LE BOURRICHON...
C'EST FAIT! TA SOEUR A ACCOUCHÉ POUR LA 12ÈME FOIS DE TON EX-FIANCÉ, ET A SURVÉCU DE JUSTESSE...
ON PROGRESSE! LA PROCHAINE FOIS SERA LA 13ÈME, CHIFFRE MALÉFIQUE... ÇA S'RA LA BONNE!
...ON FINIT PAR PERDRE LA BOULE...
BONNE NOUVELLE, CHÉRI! TA SOEUR LA PSYCHOPATHE A UN CANCER!
TU DIS ÇA POUR ME FAIRE PLAISIR?
...ON SE LANCE DANS DES OPÉRATIONS RISQUÉES...
RHYNGGNYNGNYN...
NON, SÉRAPHINE... PAS DE LA MORT-AUX-RATS DANS L'ASSIETTE DE TON FRÈRE QUI A CAPTÉ TON HÉRITAGE... LA POLICE VA SE DOUTER DE QUELQUE CHOSE...
TANT PIS!
...ET ON PERD TOUT SENS DE LA MESURE...
OOOOOOHHH MON AAAAMEUUUR... QUE J'AIMEEUUH...
RHAA! LA SALOPE, ELLE EST EN PLAYBACK AVEC MA VOIX!
ÇA LA MET EN RAGE À CHAQUE FOIS QUE SA SOEUR PASSE À LA TÉLÉ, DE PLUS EN PLUS SOUVENT, DU RESTE...
...AVEC LA FOLIE À LA CLEF...
ACCROCHE-TOI, CHÉRI! PENSE À TON FRÈRE QUI EST AMOUREUX DE MOI ET SERAIT SI CONTENT SI TU Y PASSAIS...
AGLOUK...
?
?
?
?
38.

LES SENTIMENTS EXTRÊMES
(ENTRE FRÈRES ET SOEURS)
5/ LA RAGE MEURTRIÈRE
ÇA EXISTE AUSSI, ET C'EST REGRETTABLE CAR...
... VOICI LES DIFFÉRENTS CAS DE FIGURE SUCCESSIFS : L'ARRESTATION ...
GLIP GLIP GLIP
GLOU
GLIP!
GLO!
PSHHH
AU NOM DE LA LOI, JE VOUS ARRÊTE POUR L'EMPOISONNEMENT DE VOTRE SOEUR JUMELLE ...
MOI, UNE EMPOISONNEUSE ? QU'EST-CE QUI VOUS FAIT DIRE ÇA ?
... LES AVEUX ...
... LES VOICI ! MEURTRE AVEC PRÉMÉDITATION ... VOUS ÊTES DISPOSÉE À SIGNER ?
?
ET COMMENT ! POUR TOUTES LES SOEURS CADETTES MARTYRISÉES PAR LEURS GRANDS FRÈRES QUI LES EMPÊCHENT DE SORTIR LE SOIR ...
ANTED
... LE PROCÈS ...
D'ACCORD, MONSIEUR LE JUGE, J'AI TUÉ MON FRÈRE À COUPS DE BINETTE, MAIS TOUT EST DE SA FAUTE, ET ...
... NOUS DEMANDONS LA RESTITUTION DE LA BINETTE ET DES DOMMAGES ET INTÉRÊTS COMMAK !
AGLO ?
... L'EMPRISONNEMENT ...
JE VAIS CLAMER HAUT ET FORT QUE MES AVEUX ONT ÉTÉ OBTENUS PAR LA CONTRAINTE ...
BEN, TOUT COMME MOI, ALORS ...
... LA SENTENCE ...
COMMENT ÇA, JE SUIS CONDAMNÉ À MORT ?... MAIS LA PEINE DE MORT N'EXISTE PAS, DANS NOTRE PAYS ...
PAS DE CHANCE, ON L'A RÉTABLIE HIER.
NOUS NE NOUS LAISSERONS PAS COUPER EN DEUX MORCEAUX ! ...
... ET, POUR FINIR EN BEAUTÉ, L'EXÉCUTION.
BONNE NOUVELLE, MON GARÇON ! LE PRÉSIDENT DE LA RÉPUBLIQUE VIENT DE VOUS GRACIER POUR LE MEURTRE DE VOTRE FRÈRE !
ÇA NE M'ÉTONNE PAS, JE CONNAIS SON FRÈRE À LUI, IL EST INSUPPORTABLE AUSSI !
DAMNED !
39.

LES SENTIMENTS EXTRÊMES
(ENTRE FRÈRES ET SOEURS)
6/ L'ABNÉGATION
CERTAINS SONT PRÊTS À TOUT DONNER SANS HÉSITER ET C'EST TRÈS BEAU ...
UN MORCEAU DE PEAU (APRÈS BRÛLURE...)
DOCTEUR ! VOUS M'AVEZ GREFFÉ UN MORCEAU DE PEAU DE MA SOEUR AVEC UN TATOUAGE MARQUÉ "À BÉBERT POUR LA VIE"... AVEC UN COEUR ! ÇA VA FAIRE JASER !
JAMAIS CONTENT ...
... UN REIN ...
JÉRÔME, SI TU ME DONNES UN DE TES REINS, EST-CE QUE JE SERAI OBLIGÉE DE FAIRE PIPI DEBOUT ?
HEIN ?
MAIS NON, MAIS NON, ÇA N'A RIEN À VOIR !
... UN POUMON ...
AAAPFF... TON FRÈRE EST PLEIN D'ABNÉGATION MAIS, DEPUIS CETTE OPÉRATION, TU SENS LA VIEILLE CHEMINÉE ...
LA PROCHAINE FOIS, JE M'ADRESSERAI À UN DONNEUR NON-FUMEUR ...
... LA RATE ET LE GÉSIER DE SA SOEUR ...
... SI, SI, DES BAS RÉSILLE, PAS CHERS ...
T'ES SÛRE ?
MAIS, DOCTEUR... Y'A PAS DE GÉSIER, CHEZ L'HOMME ?!? NI LA FEMME ?
VOUS CROYEZ ? ... CATASTROPHE ! LA SÉCU NE VOUDRA JAMAIS ME PAYER ...
ZZZZ
... LE COEUR ...
PRESSE
MEDICAL
IL PARAÎT QU'IL Y A PÉNURIE... TU DONNERAIS TON COEUR, TOI, POUR ME SAUVER ?
HEU, J'HÉSITE... ON EN REPARLE DEMAIN ...
BEN QUOI ?... J'SUIS TA SOEUR, QUAND MÊME ... DÉCIDE-TOI !
... LE SEXE ...
FRANGIN, SI TU N'EN FAIS PLUS RIEN, TES BIJOUX DE FAMILLE, JE SUIS PRENEUR À UN PRIX RAISONNABLE... JE RÊVE DE CHANGER DE SEXE ...
TU LES ACHÈTES COMBIEN ?

LES FRÈRES ET SŒURS
SÉPARÉS PAR LEURS CROYANCES. RIEN DE TEL POUR FLANQUER LE BAZAR DANS LES FAMILLES ...
IL EST 5 HEURES DU MATIN ! PEUX-TU M'EXPLIQUER À QUOI RIMENT CES SIMAGRÉES ?
JE COMMUNIQUE AVEC LES EXTRA-TERRESTRES, QUI ME COMPRENNENT, EUX !
HOULAGOUWHALAA... GLOHOHOGLOUH... WHOULÀLÀLÀLÀ...
SI JE NE M'ABUSE, TON FRÈRE EXÉCUTE LA DANSE INDIENNE POUR FAIRE PLEUVOIR ?
NON ! C'EST PARCE QUE JE LUI AI COINCÉ LA MAIN DANS LA PORTE POUR L'EMPÊCHER D'ENTRER !
SÉBASTIEN ! TOUTE LA FAMILLE EST À TABLE ET N'ATTEND PLUS QUE TOI ! QU'EST-CE QUE TU FABRIQUES ?
JE MÉDITE ET JE TE CROTTE !
RHYN GNYN GHEIN ...
AÏE !... ROSALIE !... AÏE !... ARRÊTE DE JOUER AVEC CETTE ... AÏE !... POUPÉE, OU JE TE CASSE LA GUEULE !
UN, DEUX, TROIS, QUATRE, CINQ, JE VOIS UNE FEMME BLONDE QUI GUIGNE VERS LA MAISON QUE VOUS HABITEZ, VOTRE FRÈRE ET VOUS ...
LA SALOPE ! ELLE A 40 ANS DE MOINS QUE LUI !
HÉ, C'EST MÊME PAS VRAI, HÉ !
C'EST VRAI QUE, POUR CE QUI EST DES FOUTAISES AUXQUELLES ON EST TENTÉ DE CROIRE, IL N'Y A QUE L'EMBARRAS DU CHOIX ...

LES FRÈRES ET SŒURS
SÉPARÉS PAR L'HISTOIRE DES CIVILISATIONS
IL Y EN A QU'ONT PAS DE POT, C'EST SÛR...
J'AI UN FRÈRE PYGMÉE AU BURUNGANDI, À CAUSE DE MON PÈRE QU'EST EXPLORATEUR...
ET VOUS VOUS ENTENDEZ BIEN?
ON SE VOIT PEU.
MAIS SI, J'AI UNE SOEUR... DOUBLE!
UN DOUBLE?
C'EST MA SOEUR QU'EST DOUBLE.
COMMENT ÇA, DOUBLE?
L'EST SOEUR MARGUERITE DES CONTEMPLATIONS DANS UN COUVENT, MA SOEUR YVETTE.
VINGT DIEUX!
MON FRÈRE AÎNÉ EST EUNUQUE DANS UN HAREM DU SOUDARACK SUD... MAIS LA COMMUNICATION, ENTRE NOUS, EST... HEU...
... COUPÉE?
Vi.
MON FRANGIN, EL' CADET, IL EST TRADER À LA BIMR (1) DE LONDON, Y GAGNE DES MILLIONS ED' DOLLARS CHAQUE JOUR, ET POURTANT Y CONNAÎT REIN DE REIN AUX COCHONS, AS 'CON!
SÛR!
GROÏNK
GRUIIK!
GRUNF!
1/ BIMP: BANQUE INTERNATIONALE DES MALANDRINS RÉUNIS.
ARRIÈRE, SATAN! TU PUES LE HARENG!
DU CALME, ABRUTI D'ÉVÊQUE! C'EST MOI, MARCEL, TON FRÈRE, QUI VIENT TE CHERCHER POUR LE BAL COSTUMÉ!
IL Y A DES FOSSÉS ENTRE LES HOMMES QUI NE SE COMBLENT JAMAIS, EXCEPTÉ LA FOSSE COMMUNE, OF COURSE.
42.

LES FRÈRES ET SŒURS SIAMOIS(ES)
LES GUIDES VENTS D'OUEST ÉTANT DES ŒUVRES COUVRANT À CHAQUE FOIS LA TOTALITÉ DU SUJET ÉVOQUÉ, NOUS NE POUVIONS PAS PASSER CELUI-CI SOUS SILENCE ...
ILS REPRÉSENTENT ENVIRON UNE SEULE NAISSANCE SUR 100.000...
SANS BLAGUE ? ... COUP DE BOL ! VOUS DEVRIEZ JOUER À LA LOTERIE !
BONJOUR L'HUMOUR !
ON LES APPELLE DES JUMEAUX OU JUMELLES MONOZYGOTES ...
DRÔLES DE ZIGOTTOS !
ADÈLE, OCCUPE-TOI DE TES FESSES !
AUJOURD'HUI, C'EST TOI QUI PÉDALES ! ...
ILS SONT TRÈS ATTACHÉS L'UN À L'AUTRE PAR UNE PARTIE DE LEURS CORPS...
NOUS SOMMES TRÈS ATTACHÉS L'UN À L'AUTRE ...
JE DIRAI MÊME PLUS, NOUS SOMMES TRÈS ATTACHÉS L'UN À L'AUTRE ...
IL PEUVENT PARFOIS ÊTRE SÉPARÉS PAR LA CHIRURGIE, MAIS PAS TOUJOURS...
MOI C'EST LA TÊTE...
... MOI C'EST LES JAMBES.
ILS S'ENTENDENT, AÏE, TRÈS BIEN ...
SPLOUM !
CETTE SITUATION NE LES EMPÊCHE NULLEMENT D'AVOIR UNE VIE PRIVÉE...
QUAND JE REÇOIS MA COPINE, IL EST TRÈS DISCRET, IL REGARDE AILLEURS...
... OUAIP ! DANS LA GLACE, HÉHÉ ...
IL ARRIVE QU'ILS OU QU'ELLES AIENT DES CARACTÈRES OPPOSÉS...
MOI, JE SUIS PLUTÔT ROMANTIQUE, J'ATTENDS LE PRINCE CHARMANT ...
... ET MOI PLUTÔT "COUGAR" À MORT, CHIER, MERDE, CON, PUTAIN, BORDEL ...
CERTAIN(E)S ARRIVENT MALGRÉ TOUT À SE MARIER ET À AVOIR DES ENFANTS (UN PROCHAIN VOLUME DES GUIDES VENTS D'OUEST SERA CONSACRÉ À TRAITER DE LEUR CAS ... PEUT-ÊTRE)
43

LES FRÈRES ET SŒURS COMME VOUS ET MOI
ILS ONT UNE VIE TRÈS-TRÈS BANALE ...
ILS NOUS RESSEMBLENT, PARTENT EN VACANCES VERS LA MAISON FAMILIALE OU LE CAMPING DES FLOTS BLEUS ...
ON EMPORTE LES BOUTEILLES DE GAZ BUTANE ?
VOUS ALLEZ RESTER TRANQUILLES, LES NAINS, OUI OU NON ?
NON !
... TOUS EN MÊME TEMPS QUE TOUT LE MONDE, COMME TOUS LES ANS ...
BIIIP
POUUP !
PIIIIP !
VROUP !
DOOP !
MIIIP !
VROUP !
ROOOAAR
MOUAP !
POAAAP !
ROOOAAR
... POUR ENFIN PASSER UNE SEMAINE OU DEUX À JOUER GENTIMENT AUX BOULES PENDANT QUE LES ENFANTS BARBOTENT DANS LA PISCINE ... LE RÊVE !
T'WAWAR TA GUEULE À LA RÉCRE, TOI !
PAPAHAHA, Y M'A FAIT MAL-HEUUU ...
C'EST UN PARIGOT, Y SAIT PAS JOUER !
ALORS, TU TIRES OU BIEN TU POINTES ?!?
SI JAMAIS J'T'ATTRAPE ...
AU SECOGLOUPS ...
HIHI
SBONG !
MAMAN !
POSTE DE SECOURS
ACCU
ERIBA
CAMPING LES FLOTS BLEUS
HOP
GNIII
YA !
ATTENDEZ-MOI, LES GARS !

44

Les Guides en BD

Les guides junior

Les Guides au féminin

Depuis octobre 2010 ...

Quelques frères
de l'antiqui

LES SOEURS BRONTË

LES FRÈRES WRIGHT

LES FRÈRES LUMIÈRE

LES FRÈRES DALTON

LES SOEURS PAPI

LES FRÈRES FRANK
ET JESSE JAMES

LES MARX BROTHERS